昇任試験

合格論文の 絶対ルール

第1次改訂版

地方公務員論文研究会●編著

JN029258

学陽書房

はじめに

──最短距離で合格論文を書ける力を身に付けよう！──

　本書は、自治体（都道府県、市区町村）の主任試験、係長試験、管理職試験における論文試験対策について、**時間の余裕がない受験者でも最短距離で合格論文を書けるようになるための論文作成のルール、ノウハウ及び完成論文例をまとめた本**です。

　仕事が忙しい中、論文試験対策に多くの時間を割けない人がほとんどでしょう。身近な上司に論文の添削をお願いしづらいなどの事情もあるかと思います。このような中で、最短距離で合格論文を書ける力を身に付けるためには、コツがあります。

　それは、**絶対外してはいけないポイントである「課題と解決策の３点セット」を効率よくおさえてしまう**ことです。

　実は、論文には「このテーマならばこの視点は必ず盛り込んでいないと」というポイントがあります。それを外している論文は、どんなに文章としてうまくまとまっていても大幅な減点の対象になってしまうのです。

　反対に、課題と解決策がきちんとおさえられている論文では、最低限の体裁やルールさえ守っていれば、十分合格ラインに達することができます。つまり、**課題と解決策をおさえることは最短の合格ルートにつながる**のです。

　従来の対策本では、類似したテーマの複数の模範論文を闇雲に読まなければならなかったり、論文の書き方がメインで模範論文が少なかったり、ビフォー・アフターの論文を見てどこが変わったのかを解釈するのに時間がかかったりといった難点がありました。模範論文を暗記してもテーマの山が外れてしまったら手の打ちようがありませんし、論文の書き方だけを学んでもどのような論文が合格論文なのか理解できなければ、実際に書くことはできません。

そこで、本書では、この1冊だけで効率よく短期間で合格のポイントをマスターできるよう、十分に配慮して構成しています。

　第1章では、**昇任試験論文の書き方の重要ポイントや、どのようなテーマが出題されても解決策を見い出せるノウハウを絶対ルールとして**コンパクトにまとめています。

　第2・3章では、**過去に出題されたテーマや出題が予想される頻出テーマ**から、自治体の政策分野を網羅的にとらえることができるよう、46を選定し、**テーマごとに課題と解決策の要点、課題の抽出の方法、完成論文例を収録**しています。この1冊を読めばほとんどの分野のテーマを網羅することが可能ですし、時間のない人でも、まず、書き方の重要ポイントをおさえ、いくつかのテーマをピックアップして実際に論文を書き、完成論文と照らし合わせてみるといった活用も可能です。

　なお、今回の改訂にあたり、昨今の出題傾向に沿って新しいテーマを収録しました。さらに、近年一部の自治体で出題されるようになった事例式や資料読取式の問題への対策も追加し、よりアップデートした内容となりました。

　最後に、本書は単なる昇任試験論文対策本には留まらないものであると考えています。本書では、どのようなテーマが出題されても解決策を見い出すことのできるノウハウを示しています。これはまさに課題解決や政策立案のノウハウそのものであり、この思考法を身に付けておけば今後の公務員人生で必ず役に立つはずです。また、自治体の各政策分野を網羅的にとらえたテーマについて課題と解決策を示していますので、現在、自治体において課題となっていることとその解決策を把握する上でも十分に活用することが可能となっています。

　本書を活用して、最短距離で合格をつかみ、新たな公務員人生に向けてステップアップを図りましょう。

　令和6年7月

著　者

もくじ　昇任試験　合格論文の絶対ルール　第1次改訂版

第3章 「政策的課題」の合格論文例

第1章

合格論文を書くための
絶対ルール

第1章では、昇任試験論文作成の重要ポイントをコンパクトに示します。まず、これらをしっかりと頭にインプットしましょう。

❶ 出題形式にまどわされない

❶ 出題テーマの傾向は２つに分けられる！

　昇任試験論文で出題されるテーマは、大きく「職場・組織管理上の課題」と「政策的課題」の２つに分かれます。

　「職場・組織管理上の課題」は、職場の業務をいかに効率的に行うか、トラブルをいかに解決するか、人材育成をいかに図るかといった課題です。こうした課題は、主任試験や係長試験で多く出題される傾向にあります。

　「政策的課題」は、子育てしやすいまちづくりをどう行うか、地域産業の活性化をどう行うかといった自治体の政策に関する課題です。ワーク・ライフ・バランスを定着させるために求められる社会のあり方について論じる問題等もこれに含まれます。政策的課題は、管理職試験や係長試験で多く出題される傾向にあります。

❷ 出題形式のイメージと対応策

　出題形式にはいくつかのパターンがあります。

　第１が、「人材育成について論じなさい。」といったように、１つのテーマがシンプルに提示される出題形式です。背景等が具体的に書かれていないため、課題を自分で抽出し、その解決策を示す必要があります。

　第２が、「あなたの職場において重要と考える課題を１つ挙げ、それに対して今後どのような取組みが必要か述べなさい。」といったように、課題の設定自体も受験者が行う出題形式です。自分の得意なテーマで勝負できるという利点があります。

　第３が、特定の事例が初めに提示され、その事例に関する課題と解決策を問われる出題形式です（事例式論文）。例えば、「若手職員が上司や

自分の言うことを聞かず、トラブルを起こしており、住民から苦情が出ている。」という事例が提示され、「若手職員の育成にどう取り組むか述べよ。」といった出題です。発生している状況が具体的に記載されているため、その状況から課題を抽出し、その解決策を示す必要があります。

　第4が、社会問題等を示すデータ、新聞記事等が提示され、それについて課題を提示し、解決策を示すという出題形式です（資料読取式論文）。例えば、待機児童数が増加していることを示すデータや、保育所の設置について近隣住民から苦情が出て中止に追い込まれたという新聞記事等が示され、それらから課題と解決策を示すというものです。

　このようにいくつかの出題形式がありますが、基本的な論文の書き方に大きな違いはありません。本書で基本的な書き方を身に付けましょう。なお、本章の**7**で事例式論文、**8**で資料読取式論文の攻略法を示していますので、参考にしてください。

●出題テーマは大きく２つに分かれる

職場における課題、組織管理上の課題	政策的課題

●出題形式のパターンと例

①テーマが提示される形式
　例：「業務能率の高い組織の実現について論じなさい」「子育てしやすいまちづくりについて論じなさい」

②課題の設定を受験者が行う形式
　例：「あなたの職場において重要と考える課題を1つ挙げ、その対応策を論じなさい」「○○市の重要課題を1つ挙げ、その対応策を論じなさい」

③特定の事例に基づき課題と解決策を論じる形式（事例式論文）
　例：「課長が部下に資料作成を指示していたが、担当者が期限までに作成していなかった。この職場で業務の改善にどのように取り組むか述べなさい」

④社会問題等を示す情報に基づき課題と解決策を論じる形式（資料読取式論文）
　例：「以下の資料から読み取れる課題とその解決策について論じなさい」と質問があり、空き家の増加を示すデータ、空き家を有効活用した先進事例の新聞記事等が示される。

2 課題と解決策を3つ抽出する

❶論文の「型」を覚えよう

　昇任試験論文の文字数は、1000〜2000字程度が主流です。最低文字数を超えていないと減点される可能性がありますので注意しましょう。

　4段構成では、「問題提起」「課題」「解決策」「まとめ」という形態をとります。

　3段構成では、「問題提起」「課題と解決策」「まとめ」といったように、4段構成における「課題」と「解決策」を結合し、一緒に書く形態となります。

　文字数が多い場合（2000字前後）には4段構成を、少ない場合（1500字前後）には3段構成を用いるのがよいでしょう。

❷各段落の書き方と手順

　試験本番での各段落の書き方の概略ですが、まず、問題用紙の余白等に「問題提起」「課題」「解決策」を短文でポイントだけを書き出し、各段落の論理の流れがつながっていることを確認したのち、答案用紙に詳細な本文を書くという流れになります。以下、詳細を説明します。

①問題提起の箇条書き

　テーマに関する背景、問題点等を書きます。最初は、簡潔に箇条書きで書きましょう。例えば、「協働によるまちづくり」というテーマであれば、以下のようになります。

　①行政による画一的なサービスだけでは多様化・複雑化する地域課題に対応しきれなくなっている。

　②社会課題に取り組む自治組織やNPO等も増え、新たな公共の担い

手としての期待が高まっている。

③地域の各主体との協働によるまちづくりを進めていく必要がある。

2 課題の箇条書き

テーマに関する課題を3点、箇条書きで簡潔に示します。3点の課題は、「ハード面」「ソフト面」「仕組み」「体制」「意識」「情報」といったカテゴリーを意識し、テーマを可能な限り網羅的にとらえたものとなるようにしましょう。例えば、以下のようになります。

①住民等への協働事業に関する情報発信や対話が十分に行えていない。（情報）

②協働を推進する仕組みが不足している。（仕組み）

③職員の中に協働を推進する意識が共有されていない。（意識）

課題を抽出するポイントは、出題されたテーマについて「つっこみ」を入れてみることです。例えば、「モチベーションの高い職場づくり」というテーマであれば、その逆に「モチベーションの低い職場とはどんな職場か？」を考えます。「何のために業務をしているのかが不明でやりがいがない」「職員間のコミュニケーションが少なくギスギスしている」「前例踏襲の文化が根強く、新しいことを提案しても却下されてしまう」といった光景が浮かんできます。これらが課題にあたります。

3 解決策の箇条書き

3点の課題のそれぞれに対応した解決策を箇条書きで簡潔に示します。どのような手段で実施するかも簡潔に示しておきましょう。例えば、以下のようになります。

①協働に関する情報発信を強化するとともに、対話の機会を設ける。（ホームページやSNSを活用し、協働事業への参加募集、成功事例や体験談等の紹介を行う。住民と行政が対話する会を設け、協働推

進の方策について議論する）

②協働を推進する仕組みを充実させる。

（専門スタッフを配備し、相談支援やコーディネートを行う。協働事業の提案制度を構築。人材バンクを設置しマッチングする）

③職員の協働意識の醸成と共有化を促進する。

（協働マニュアルを作成し研修を行う。庁内に組織横断的な会議体を設置し、協働事業の成功例や推進方策等について議論する）

④ 各節の詳細な文章を書く

「問題提起」「課題」「解決策」について箇条書きで書いたポイントが論理的に流れているかを十分確認しましょう。問題がなければ、答案用紙に、箇条書きで書いたポイントに肉付けをしながら詳細を書いていきます。4段構成の場合は「課題」と「解決策」を別々に書きます。3段構成の場合は「課題」と「解決策」を同じ段落にあわせて書きます。

最後に、「まとめ」の段落に、これまで論じてきた内容の総括と決意表明を書きます。例えば、内容の総括として、「誰もが幸せを実感できる地域社会を築いていくためには、住民と行政とが、対等なパートナーとして、共通の目的に向けてお互いの強みを生かしながら連携・協力していくことが重要である。」と書きます。そして、決意表明として、「私は、○○市の係長として、協働の推進に全力で取り組んでいく覚悟である。」といった内容を書きます。

なお、まとめの部分で、これまで触れていない新たな問題等を書かないように気を付けましょう。

⑤ 見出しを付ける

「問題提起」「課題」「解決策」「まとめ」には、それぞれ、内容を端的に表現した見出しを付けましょう。

見出しは、書いてある内容が理解できるタイトルであれば問題ありません。奇をてらったり、無理に格好良く書いたりして意味がわからないと思われるリスクを冒すよりは、シンプルに書くほうがベターです。

問題提起では「……の必要性」、課題では「……を進めるにあたっての課題」、解決策では「……を実現するための方策」、まとめでは「（理想的な状態）に向けて」といったように、自分の中でどのようなテーマがきても即座にタイトルを付けられるようパターンを決めておくとよいでしょう。

　例えば、以下のような例が考えられます。

各 段 落	見出しの例
問題提起	1　住民との協働の必要性
課　　題	2　住民との協働を進めていくにあたっての課題
解 決 策	3　協働を推進するための方策
ま と め	4　誰もが幸せを実感できる地域社会を築いていくために

❸ 試験本番での書き方とそれを想定した学習方法

　以上の昇任試験論文の書き方のパターンをしっかり身に付け、どのような問題が出題されても対応できるようにしておきましょう。

　なお、第2章・第3章では、出題が予想されるオーソドックスなテーマの完成論文例を各政策分野を網羅する形で示していますが、必ずしもこれらと同じテーマが出題されるとは限りませんし、全ての予想される論文を書く時間もないでしょう。ある程度論文が書けるようになったら、自分で予想されるテーマ、特に最近注目されている時事問題をいくつか設定して、即座に課題と解決策の3点セットを書き出すことができるよう訓練しましょう。ポイントだけ書ければ、あとは肉付けをしていくだけです。

　はじめはパソコンで論文を書いても構いません。ただ、試験が近くなったら、必ず原稿用紙に手書きで、時間を計測して練習しましょう。

❸ 奇をてらってはダメ！

❶昇任後の役職の視点で書こう

　主任、係長、管理職の各試験で、論文の基本的な書き方に違いはありません。ただ、論文を書く際の視点は異なってきます。

　例えば、主任試験では「係長と相談のうえ……する」と書くことになりますが、管理職試験で「部長と相談して……する」と書くと、課長として決断のできない人だとその資質を疑われる可能性があります。また、管理職は大局的な視点から大きな課題を解決していく論文が求められますが、主任が自分で立案できないような大きな政策の提案をするのは、「立場をわきまえていない」「生意気」ととらえられてしまう可能性があります。

　主任に求められるのは、自治体行政全体との関わりを意識した上で、自分の職務や職場における課題を発見し、その課題の分析及び改善提案・実施をする「プレイヤー」としての能力です。

　係長に求められるのは、政策的課題や職場における課題について、課長を補佐して企画立案や調整を行い、係員に指示を出して動かしながらも時には自身も事務を行う「プレイングマネージャー」としての能力です。

　管理職に求められるのは、課の全般的な運営や政策立案を預かる「マネージャー」として、自治体政策と職場で発生する課題について、大局的視点から解決の提案と実施ができる能力です。

　第2章・第3章では、各職位に応じた論文例を掲載しており、同じテーマであっても職位に応じた書き分け方のポイントも示していますので、参考にしてください。

　ただ、主任試験で「あなたの考えを述べなさい」という質問の場合、一般論として政策についてどう考えるかを書けばよく、必ずしも主任の

立場から実現可能なことを書かなくてもよい場合もあります。この点については、各自治体の論文試験の要綱や先輩職員からのアドバイス等をもとに、どのような書き方をするかを各自で判断してください。

❷斬新な解決策を書く際には注意を

　論文の中で「自分の能力の高さを示したい」「発想力の高さを示したい」と思う方もいるかもしれません。確かに、素晴らしい発想に基づく斬新な解決策を示すことができれば高い評価を獲得できるでしょう。しかしながら、その斬新な発想や解決策が採点者の考え方と合致しなかった場合、「現実をわかっていない」「アイデアレベルで課題の解決には結びつかない」などと感じ、低い評価となってしまう可能性があります。

　そもそも昇任論文試験では、誰も思いつかないような高い発想力を示すことを求められてはいません。課題を的確に把握し、それに対するオーソドックスな解決策を示すことができれば十分合格レベルに達することができます。斬新な解決策を書く際には、このことに十分注意しましょう。

❸立証の必要はなし、数値の記載はリスクを冒さず

　昇任試験論文は学術論文ではないため、解決策に示す内容の正しさを客観的数値の提示や文献の引用等により立証する必要はありません。

　もちろん、具体的な数値が書ければ説得力が増しますが、数値を間違えると減点になる可能性があります。自信がないなら、あえてリスクを冒して書く必要はありません。

4 当事者意識を全面に出す

❶行政を批判しない

採点者も行政職員です。「これまで○○市では何も対応ができていない」といったあからさまに批判的な言葉を書くと、「行政に批判的なバランスのとれない人物」と判断されてしまう危険性があります。行政を批判しすぎないよう注意しましょう。

どのような課題であっても、ごく直近に発生した最新の課題でない限り、行政がこれまで全く何の対応もしていないということは稀です。「職員の育成についてはこれまでも様々な取組みがされてきたが、なお次のような課題が残っている。」「さらに良くするためには次のことが必要である。」といったような書き方にすることが無難です。

❷当事者意識が感じられるようにしよう

課題を書く際に、「課題は……であるとマスコミで言われている。」「……という課題があることがニュースでも報道されている。」といったような当事者意識のない文章を書くと、低い評価を受ける可能性があります。

また、解決策についても「……と思う。」「……したほうがよい。」というような他人事のような書き方ではなく、「……する。」として当事者意識が感じられるような書き方にしましょう。

5 抽象的なテーマは得意分野に変換！

❶課題と解決策として汎用的に使えるものを準備しよう

　テーマを可能な限り網羅的にとらえた課題と解決策の3点セットを示すのが基本ですが、試験本番では、テーマによっては課題と解決策が思い浮かばない場合もあると思います。このような場合も想定して、どのようなテーマであっても汎用的に課題と解決策として使えるものを準備しておきましょう。

　例えば、どのようなテーマであっても「人材育成」という視点は使えます。「これからの地域福祉と行政」というテーマが出た場合でも、地域福祉に関係する職員の「人材育成」や地域のボランティア等の「人材育成」が必要であるという課題を示し、それに対する解決策を書けばよいのです。

　また、「住民や企業、NPO等との協働」や「住民等の行政への参加」という視点も、特に政策的課題では多くのテーマでの活用が可能です。他にも、「住民への意識啓発」「住民への情報発信の強化」「職員の意識向上」「職員の能力向上」「縦割りの解消と連携強化」「組織間での情報共有」といったものも活用が可能です。

　現実の政策の実施手法についてもあらかじめ知っておくと、設定した課題に対する具体的な解決策が導き出しやすくなります。例えば、ワーク・ライフ・バランスの推進や環境行動の推進といった課題では、住民や企業等の主体的な行動を促さなければなりませんが、そのような場合には、意識付けを図るためにガイドブックを作成・配付する、出前講座を実施する、行動を促すための助成制度を設ける、助成制度等を周知する、先進的な取組みを行う住民や団体等を表彰・公表することで追随する住民や団体等を増やすといった具体的な解決策があります。

❷抽象的なテーマは自信をもって答えよう

抽象的なテーマが出題された場合には、自分の得意な分野に変換して回答しましょう。

例えば、「住み続けたいと思えるまちについて述べなさい」というテーマが出題された場合です。「住み続けたいと思えるまち」の要素は様々ですが、自分が住民協働について論文が書ける自信があれば、「住民協働が盛んで住民の意見が反映されやすいまち」というテーマに変換して回答しましょう。その場合、冒頭の「問題提起」の部分で、その旨を明示した上で以降の論文を書くようにしましょう。

⑥ 気を付けたいミス５選

❶時間が足りない

　時間がなくなって焦らないよう、あらかじめ時間配分を決めておきましょう。理想は課題と解決策の３点セットの作成に試験時間の３分の１、本文の作成に３分の２としたいところですが、最低でも３点セットの作成を２分の１の時間内で完了できるよう意識して書いていきましょう。

❷課題と解決策が３つまで思いつかない

　課題と解決策について２点は思いついても、３点目が出てこない場合もあるでしょう。ヒト・モノ・カネ、情報発信・情報共有、意識啓発、人材育成といった観点から課題を絞り出しましょう。本当に思いつかない場合は、２点であってもテーマを包含した網羅的な内容であれば減点を免れる可能性もあるため、諦めずに書きましょう。

❸読みにくくて減点される

　読みにくい文章は減点のリスクがあります。適宜、改行を入れ、どこが文章の切れ目であるかわかるようにしましょう。

❹文字数が足りず減点される

　文字数が足りないと確実に減点されます。最低文字数は必ずクリアしましょう。

❺誤字・脱字で減点される

　誤字・脱字が複数個所あると減点されます。漢字が思い出せない場合、別の言葉に置き換えるのが無難です。それが無理なら、漢字を間違えるよりはひらがなで記載した方が減点を免れる可能性があります。

7 事例式論文の攻略法

❶事例式論文とは？

　事例式論文は、職場での職員間のやりとりやトラブル等が事例として示され、その事例から課題を抽出し、その解決策を提示する出題形式です。例えば、以下のような事例が出題されます。

> 　あなたはA課の主任です。今年度、新規採用のB主事が配属され3か月が経過しましたが、自分の主張を押し通す傾向が強く、他の職員とトラブルをたびたび起こしています。特にベテランのC主任が指導をしても聞かず、職場の雰囲気も悪くなってきています。
> 　1　この事例における課題を〇～〇字以内で書いてください。
> 　2　課題の解決策を〇～〇字以内で書いてください。

❷回答の作成の流れ

　事例を分析して課題を抽出する必要がありますが、それさえできればあとの回答方法は、通常の論文とほぼ同じです。次のように回答の作成を進めましょう。

①各人物の動きを把握し、課題を3点抽出する

　事例式論文では、主事・主任・係長・課長といった役職を持つ複数の職員が登場するのが一般的です。まずは、各人物の役職と役割を確認した上で、それに応じた言動ができているか、また、その言動のどのような点に問題があるかといった視点を持って課題を抽出しましょう。

　上記の事例であれば、B主事は新規採用職員であるにも関わらず自分の主張を押し通し、トラブルをたびたび起こしていること、ベテランのC主任が指導しても聞かず、職場の雰囲気が悪くなっていることがうかがえます。ここから課題を3点、箇条書きにしましょう。

②解決策を箇条書きし、論理の流れを確認の上、本文を書く

　3点の課題が抽出できたら、それに対応した解決策を箇条書きし、課題と解決策の3点セットの筋が論理的に通っているかを確認の上、本文を書いていきます。書き方は基本的に通常の論文と同じです。P.12〜15の「②課題と解決策を3つ抽出する」を参考に書きましょう。

　その際に注意が必要なのは、通常の論文とは異なり、登場人物の動きに具体的に触れながら本文を書くことです。例えば、上記の事例であれば、「B主事は新規採用職員であるが自分の主張を押し通す傾向が強く、指導していく必要がある」といったようにです。テーマだけが与えられる論文と同様に登場人物に全く触れずに本文を記載した場合、問題の趣旨を理解していないと判断され、減点となる可能性が高いため、注意しましょう。

❸留意点

　自治体によっては、長文で複雑な事例が出題されることもありますので、事前に過去問等を確認しておきましょう。

　事例に加えて、例えば、課の組織図、課内職員の時間外勤務の推移、住民からの苦情の件数等の資料が提示される場合もあります。その場合、資料を分析の上、課題の抽出の際にその情報を盛り込みましょう。

　また、出題文に、例えば「主任に期待される役割を踏まえて回答してください」と示されるケースもあります。昇任する役職の職責をあらかじめ確認しておき、それを踏まえた回答を作成できるように準備しておきましょう。

　文字数が指定されている場合は、その文字数を厳守しましょう。文字数が足りない場合は減点される可能性が高くなります。

❹学習方法

　P.36〜39、P.60〜63には、一般的な事例式論文の出題例と完成論文例を示しています。出題例を参考に練習しておきましょう。

8 資料読取式論文の攻略法

❶資料読取式論文とは？

　資料読取式論文は、白書、各種統計、新聞記事等の資料に基づき、資料の分析、課題の抽出、課題解決のための具体的施策の提示を問う出題形式です。例えばP.102、174のような問題が出ます。昇任する職層に応じた視野・視点の有無、資料の分析・課題抽出力、課題解決力、論理の一貫性等が評価されます。

❷回答の作成の流れ

　資料の分析と課題の抽出の作業がある以外は、回答方法は、通常の論文とほぼ同じです。次のように回答の作成を進めましょう。

①資料を分析し、課題を3点抽出する

　提示される資料には、主に白書等の統計データと新聞記事があります。統計データは、例えば合計特殊出生率や生産年齢人口のデータ、世論調査の集計結果等がグラフや表等で示されます。新聞記事はその時々の社会課題やそれに対する先進的な取組事例の記事等が示されます。

　まず、これらの資料を分析し、通常の論文と同様に課題を3点、箇条書きにします。その際、いかに早く資料を解釈し、課題を抽出できるかがポイントです。出題者がどのような課題を抽出させようとしているのか、その意図を推測しながら資料を読み、資料の中で中心的な課題となる部分に線を引く等により、効率的に課題を抽出しましょう。

　例えば、統計データであれば、経年の推移からどのような傾向があるのか、その傾向があることによってどのような社会課題が発生するかを推測しながら資料を見ていきます。

　自治体によって提示される資料の数は異なりますが、資料の数が少な

いようであれば網羅的に課題を抽出しましょう。資料の数が多い場合には、全ての資料を読み込むと時間が不足してしまうため、資料全体にざっと目を通した上で、中心となる課題を抽出し、場合によっては全ての資料を使用しなくてもよいでしょう。試験によっては、複数の視点から課題を抽出できるようになっている場合もあります。

②解決策を箇条書きし、論理の流れを確認の上、本文を書く

３点の課題が抽出できたら、それに対応した解決策を箇条書きし、課題と解決策の３点セットの筋が論理的に通っているかを確認の上、本文を書いていきます。書き方は基本的に通常の論文と同じです。P.12〜15の「②課題と解決策を３つ抽出する」を参考に書きましょう。

❸留意点

資料から課題を抽出する作業には意外と時間がかかるものです。しかし、目安として、できれば資料からの課題の抽出に試験時間の５〜４分の１程度、解決策の箇条書きも含めて３分の１程度に留め、本文を書く時間は３分の２程度、最低でも２分の１程度は確保したいところです。

自治体によって出題方法や回答方法、提示される資料数等が異なるので、試験の要綱や過去問、先輩職員からの情報等をあらかじめ確認し、適応できるように準備しておきましょう。

自治体によっては、回答のフォーマットが要綱等に示されている場合もあるので、それに従いましょう。独自のフォーマットを用いる手もありますが、違和感のある場合、減点のリスクがあります。

❹学習方法

P.102〜105、P.174〜177には、一般的な資料読取式論文の出題例と完成論文例を示しています。この出題形式に特徴的な資料解釈に慣れておくことが大切です。実際には、その時々に課題となっている社会問題を中心に出題されますので、日頃から新聞記事や各種白書等に目を通し、課題を抽出する訓練をしておきましょう。

第2章

「職場・組織管理上の課題」 の合格論文例

第2章では、「職場・組織管理上の課題」の テーマを16本示します。それぞれ外しては いけないポイント、「問題提起」「課題」「解決 策」の箇条書き、完成論文例を示しています。

1 効率的・効果的な行政運営

出題文

「効率的・効果的な行政運営について論じてください。」

❶外してはいけないポイントはここ！

　行政組織は、しばしば縦割りで効率が悪いと批判を浴びることがあります。厳しい財政状況の中で、多様化・複雑化する地域課題を解決するためには、最少のコストで最大の成果を上げることが求められており、その実現のために、いかに的確な課題と解決策を提示できるかが評価のポイントとなります。

① 抽象的なテーマであり、取り扱う範囲が広いことから、課題をどこに設定するかが重要です。効率的・効果的な行政運営を行うにあたっての課題として、「組織の縦割りが見られ、連携が不足している。」「施策の改善・見直しが行われていない。」「職員の政策形成能力が不十分である。」「資源配分が効率的に行えていない。」といったものが考えられます。これらを参考に、テーマを可能な限り網羅的にとらえ、課題を3つ示しましょう。

② 設定した課題に対して、具体的な解決策を書きます。例えば、「職員の政策形成能力が不十分」であることを課題として設定した場合の具体的な解決策は、「職員に政策形成の研修を受講させる。」「OJTの中で政策立案のプロセスを経験させる。」「職員提案制度を導入する。」といったものになります。どのような手段で課題を解決するかをしっかりと具体的に書くことが重要です。

③ 管理職試験、係長試験でこのテーマが出題される傾向にあります。管理職試験では大局的な視点から、係長試験では大局的な視点を踏まえて現場でできる解決策を書きましょう。

❷ ポイントを箇条書きにしてみると？

問題提起	・住民ニーズや行政需要が多様化し財政状況も厳しい中で、住民の多様なニーズに対応し、複雑な地域課題を解決していく必要がある。 ・限りある人員・財源・資源を最大限に活用し、最少のコストで最大の成果を上げる必要がある。
課　　題	①組織の縦割りの弊害が未だに残っており、横の連携が不足している。 ②施策の見直し・改善が十分に行われていない。 ③政策形成能力が十分育成されていない。
解 決 策	①縦割りの弊害を解消するため、柔軟な組織体制を構築する。特に重要な政策課題については、組織横断的に課題の解決を図る組織体制を構築する。 ②行政評価制度を活用した業務改善を推進する。成果や市民ニーズを把握し、効果が希薄な施策は廃止・縮小する。新規事業を行う際には、スクラップアンドビルド方式[※1]、サンセット方式[※2]を採用し、コストの肥大化を防ぐ。 ③職員に政策形成に関する研修を受講させるとともに、OJTの中で政策立案のプロセスを経験させる。職員提案制度を導入し、職員のモチベーションを刺激する。

※１　新たに組織を設置（＝ビルド）する場合、組織全体の肥大化を抑制するため、相当する既存組織を廃止（＝スクラップ）すること。
※２　予算や組織の肥大化を防ぐため、事業等に期限を設け、その期限を過ぎたら自動的に廃止する方式。

❸完成論文例

① 効率的・効果的な行政運営の必要性

　現在、住民ニーズや行政需要が一層多様化する一方で、少子高齢化や人口減少、景気の低迷等を背景として今後も財源の増加は見込めず、人件費の抑制が求められている。さらには、公共施設の老朽化への対応、防災対策等、喫緊の課題が山積している状況にある。

　このような状況の中で、住民の多様なニーズに対応し、複雑な地域課題を解決していくためには、限りある人員・財源・資源を最大限に活用し、最少のコストで最大の成果を上げる効率的・効果的な行政運営を行っていく必要がある。

② 効率的・効果的な行政運営を推進していくにあたっての課題

　○○県では、これまでも効率的・効果的な行政運営に取り組んできたところであるが、未だに次のような課題が残されている。

　第1に、組織の縦割りの弊害が残っており、横の連携が不足しているということである。一層複雑化・多様化する地域課題を解決していくためには、複数の関連する所属が密接に連携し、共通の目標のもとで施策を実施していく必要がある。しかしながら、十分な組織間の連携のもとで施策が実施されているとは言い難いのが現状である。

　第2に、施策の見直し・改善が十分に行われていないということである。効率的・効果的な行政運営を推進していくためには、無駄を排除し、必要な事業に重点的な資源配分をしていくことが重要である。しかしながら、施策を実施すること自体が目的化し、適切な見直しが行われないまま存続しているケースも見受けられる。

　第3に、職員の政策形成能力が十分育成されていないということである。効率的・効果的な行政運営を推進していくためには、職員が創意工夫を発揮して政策形成を行っていく必要があるが、職員の中には、前例踏襲で型どおりに業務をこなせばよいと考えるものも未だに見られる。

③ 効率的・効果的な行政運営の実現に向けた具体的方策

　私は、○○県の管理職として、これらの課題に対し、次のような具体的な方策を講じる。

　第1に、縦割りの弊害を解消するため、柔軟な組織体制を構築する。特に重要な政策課題については、庁内の関連所属の若手職員で構成されるワーキング・グループを設置し、様々な議論を行いながら課題解決に結び付く施策を検討していく。そして、ワーキング・グループの提案を受け、最終的な方向性を決定する関連課長による会議体を設置し、様々な側面から議論しながら組織横断的に課題の解決を図っていく。

　第2に、行政評価制度を活用した業務改善を充実・強化する。各施策について、その成果や市民ニーズ等を把握・評価し、既に目的を達している事業や効果が希薄なものについては、課内で十分な議論を行った上で廃止や縮小を行う。また、新規事業を行う際には、スクラップアンドビルド方式、サンセット方式を採用し、コストの肥大化を防ぐ。

　第3に、職員に政策形成に関する研修を受講させるとともに、OJTの中で政策立案のプロセスを経験させる。また、職員提案制度を導入し、優秀な政策については表彰を行い、実現することで職員のモチベーションを刺激するとともに、政策形成能力の向上を図っていく。

④ 誰もが幸せに暮らせる地域社会を築いていくために

　地方分権が進展し、権限や業務が拡大する中、一層複雑化・多様化する課題に向き合い、地方分権の時代にふさわしい、誰もが幸せに暮らしていくことができる地域社会を築いていくためには、今後さらに効率的・効果的な行政運営を進めていく必要がある。

　私は、○○県の管理職として、効率的・効果的な行政運営の実現に向け、全力で取組みを進めていく覚悟である。

2 職場の活性化と主任の役割

出題文

「職場を活性化するために、主任としてどのようなことをすべきか、あなたの考えを述べてください。」

❶外してはいけないポイントはここ！

　主任試験では職場に関する問題が頻出します。中でも職場をいかに活性化するかという問題はよく出題されます。このテーマが出題される背景には、住民福祉の向上を図るには地域特性に応じた政策を実施し、効率的かつ効果的な組織運営を進めていくことが必要であること、そのためにはまず各政策を担っている各職場の活性化が必要であるということがあります。この背景を十分踏まえた上で、具体的な課題と解決策を示すことができるかが評価のポイントとなります。

① 「職場の活性化」といっても様々な論点が考えられます。まず、「活性化していない職場」とはどのようなものかを考えましょう。

　　例えば、「職員間でコミュニケーションがとれていない」「情報共有が図られていない」「チームワークがとれていない」「業務改善をしようという意識が低い」等が考えられます。これらの点や自分のこれまでの経験等も踏まえて、具体的な課題と解決策の３点セットを示しましょう。

② 出題文に「主任としてどのようなことをすべきか」と書かれていますので、自分が主任になった時を想定し、主任として実現が可能な解決策を書きましょう。管理職や係長でないと実現できないような高度な課題と解決策を書くと減点となる可能性があります。

　　例えば、「業務改善を推進するため、人事考課制度の評価項目の中に業務改善の有無を入れる。」といった解決策は管理職（場合によっ

ては係長）の職責の範疇となります。「業務の見直しの必要性を整理した上で係長に提言し、廃止や見直しを進めていく。」といった表現がよいでしょう。

❷ポイントを箇条書きにしてみると？

問題提起	・住民福祉の向上を図っていくためには、地域特性に応じた政策を実施することが必要。 ・同時に効率的かつ効果的な組織運営を進めていくことが必要。 ・各政策を担っている各職場を活性化していくことが重要。
課　　題	①情報共有ができていないことから、住民の質問に答えられずにトラブルとなるケース等が見受けられる。 ②係員全員が共通の目標を持ち、それに向けて連携しながら取り組んでいくことができていない。 ③前例踏襲により事務改善や柔軟な対応ができていない。
解 決 策	①係内での情報共有を活発化させる。 　（定期的なミーティングを開催し、様々な情報を共有。重要案件については議論し、対応方針を文章化して共有。収集した情報等を適宜メールや回覧等で共有） ②チームワークの向上を図る。 　（係員の相談に乗り適宜アドバイスする、係員と交流の機会を持つ、各係員の意見を尊重して議論を行う等。これらにより、自由闊達な意見を言える雰囲気づくりを行い、チームワーク向上につなげる） ③業務に無駄がないかを常に把握し、適宜改善を図る。 　（住民ニーズを敏感に把握し、自ら率先して改善に取り組む。業務の見直しの必要性を整理した上で係長に提言し、廃止や見直しを進めていく）

❸ 完成論文例

① 職場の活性化の重要性

　現在、少子高齢化や人口減少が進む中、住民のライフスタイルや価値観は多様化し、行政に対する住民ニーズも一層複雑化している。

　このような状況の中で住民福祉の向上を図っていくためには、自治体がその地域特性に応じた政策を実施するとともに、効率的かつ効果的な組織運営を進めていく必要がある。そして、その実現のためには、まず、各政策を担っている各職場を活性化していくことが重要である。

② 職場の活性化に向けた方策

　職場を活性化するため、私は主任として、次の3点について重点的な取組みを行う。

　第1に、係内での情報共有を活発化させる。係の業務を円滑に遂行するためには、各職員が業務に関連する最新の情報を常に把握・共有し、連携して業務に取り組んでいく必要がある。しかしながら、職員の中には自分の仕事のみにしか意識が向かわず、住民の質問に答えられずにトラブルとなるケースや、間違った回答をしてしまうケースなども見受けられる。

　そこで、係長と相談の上、定期的なミーティングを開催し、様々な情報を係員間で共有する。特に重要な案件については、ミーティングの場で議論を行い、対応の方向性を決めた上で文章化し、係内で共有する。

　また、収集した情報や入手した情報を適宜メールや回覧等で共有するルールをつくり、係内での情報共有を強化する。

　第2に、チームワークの向上を図る。業務は一人だけで遂行できるものではなく、係員全員が共通の目標を持ち、それに向けて密接に連携しながら、チーム一丸となって取り組んでいくことが重要である。

　そこで、主任として、適宜係員の相談に乗り、業務を円滑に行うことができるようアドバイスをしていくとともに、日頃から仕事以外の場で

も係員と交流の機会を持つ。ミーティングの場でも係員に適宜意見を求め、各係員の意見を尊重して議論を行うことにより、自由闊達な意見を言うことができるような雰囲気づくりを行うことで、チームワークの向上につなげていく。

第3に、業務に無駄がないかを常に把握し、適宜改善を図る。職場を活性化するためには、住民のニーズを十分踏まえた上で、業務の無駄を省き、効率化を進め、真に必要とされる業務に力を注いでいくことが重要である。しかしながら、前例踏襲により事務改善や柔軟な対応ができていない部分も見受けられるのが現状である。そこで、住民のニーズを敏感に把握し、日頃の業務の中で改善できる部分を常に考え、まず自分ができるところから率先して改善に取り組んでいく。そして、見直す必要がある業務等を発見した場合には、係員とも十分な協議を行い、見直しの必要性を論理的に整理した上で係長に提言し、廃止や見直しを進めていく。

③ 住民の期待に応えるために

社会状況が目まぐるしく変化する中、多様化する住民ニーズに対応していくためには、一人ひとりの職員が共通の目標のもと、住民ニーズを敏感に察知し、連携して、日頃から地道な努力を積み重ねていくことが重要である。

私は、主任として職場の結節点の役割を担い、住民の期待に応えていくことができるよう、職場のさらなる活性化に向けた取組みを全力で進めていく覚悟である。

3 業務量の平準化と協力体制の構築

出題文

以下の事例をもとに、設問に回答してください。

> 　主任であるあなたは、本年４月に福祉を担当するＡ課へ配置された。あなたの係では、住民への給付金の申請受付を行っており、Ｂ主事がメイン担当となっている。
>
> 　５月下旬から住民の給付金に対する苦情が頻繁に入るようになり、Ｂ主事が対応していたが、その後Ｂ主事がメンタル不調を訴え、急遽、６月上旬から病気休暇に入ることとなった。あなたがＢ主事に確認したところ、これまで複数の苦情があったが、その対応を先送りにしていることが判明した。Ｂ主事からは「業務を処理しきれず、４月から体調が悪かった。苦情対応が遅れていることはわかっていたが、係長や同僚に支援を求められなかった」との話があった。
>
> 　このことについて課長へ報告したところ、係長とあなたに対し、苦情への対応と業務改善の指示があった。
>
> 1　課題について簡潔に述べてください。（300字以上500字以内）
> 2　課題に対して、今後、あなたは主任としてどのようにその解決に向けて取り組んでいくべきか、主任に期待される役割を踏まえて具体的に述べてください。（1000字以上1300字以内）

❶外してはいけないポイントはココ！

　主任には、自分の仕事だけでなく、係や課の仕事を把握した上で、職場の仕事が円滑に進むよう対応していくことが求められます。事例から課題を読み取り、広い視野で具体的な解決策を示せるかが評価のポイントとなります。

① 　この事例で顕在化している課題は、Ｂ主事の仕事がオーバーフローし、それにより苦情が頻繁に入っており、対応が先送りになっていることです。しかしながら、実際にはＢ主事が４月頃から体調が悪かったことに誰も気づかなかった、もしくは気づいていても誰も支援しな

かったことにも注目する必要があります。

② このような事態となった背景を考えてみると、職場の風通しが悪く、個人主義で、誰かが困った時に助け合えるような雰囲気がないという職場の光景が浮かんできます。その光景を思い浮かべた上で、課題と解決策の3点セットを端的に書き出しましょう。

③ 事例式論文である以上、課題を抽出する際には、必ず各登場人物の動きに触れるようにしましょう。全く登場人物に触れることなく、通常の論文のように抽象的な内容とした場合、減点となる可能性があります。

④ 今回の出題文のように文字数の制限がある場合は、必ずその範囲に収めましょう。文字数に満たない場合には減点される可能性があります。

❷ ポイントを箇条書きにしてみると？

課　　題	①苦情への対応が先送りとなっていることから、早急な対応が必要である。 ②業務が特定の個人に偏っており、業務量が平準化できていない。 ③互いを気にし合い、協力し合えるような職場環境が構築できていない。
解 決 策	①苦情の内容を洗い出し、分担して対応する。Ｑ＆Ａを作成しトラブルを防ぐとともに、同様の苦情はホームページに掲載して職員の負担を軽減する。 ②今後対応が必要となる業務を洗い出し、スケジュール作成と業務量積算をした上で、業務分担を行い対応する。 ③職員とコミュニケーションをとりながら業務の偏りやメンタル不調等を把握し、発見した場合には業務量の平準化等の対応をとる。

❸完成論文例

☐1 事例における課題

本事例における課題は以下の3点である。

第1に、苦情対応が先送りとなっており、早急な対応が必要なことである。B主事が対応しきれず、先送りとなっている苦情対応を放置した場合、さらなる苦情につながり、住民の不信感を招く可能性があるため、早急な対応が必要である。

第2に、特定の職員に業務が偏り、業務量の平準化ができていないことである。B主事に業務が偏っていることについて、早い段階で把握し業務量の平準化を図ることができていれば、B主事の病気休暇や業務の遅延を避けることができたはずであるが、それができていなかったことが問題である。

第3に、互いを気にし合い、協力し合える職場環境が構築できていないことである。B主事は4月から業務を処理しきれず体調不良となっていたが、誰もそれに気づくことができなかったこと、業務量が過剰となっても言い出せない状況となっていたことから、係全体、課全体で協力し合えるような職場環境を構築する必要がある。

☐2 課題の対策

前述した課題に対し、私は主任として、以下の3点の対策に取り組んでいく。

第1に、先送りとなっている苦情対応について早急に対応する。まず、これまでに寄せられた苦情の内容や苦情のあった日時を全て洗い出し、優先順位をつけながら、早急に苦情のあった相手方へ連絡の上、1件ずつ丁寧に謝罪をした上で苦情への対応について回答する。苦情対応にあたっては、係長とも相談の上、係内の職員で分担して対応する。その際、職員によって回答内容に違いが出ることによるさらなる苦情を回避するため、Q&Aを作成し、対応する職員に周知・共有する。また、

同様の苦情については、「よくある質問」として類型化した上で、ホームページや広報誌、住民あての通知文、SNS等の様々な媒体に掲載することにより、電話や窓口による直接の問い合わせ対応件数を減らし、職員の負担軽減を図る。

　第2に、今後対応が必要となる業務の洗い出しとスケジュールの作成、業務分担を行う。先送りとなっている苦情対応については上述のとおり早急に対応することとするが、それ以外にも今後対応が必要となる業務を全て抽出する。そして、対応が必要となる業務について、どの程度の業務量が見込まれるかを積算するとともに、業務ごとに必要な人員がどの程度になるかを整理した上で、今後の詳細な対応スケジュールを作成する。その上で、係長とも相談し、業務量に応じて係内での業務分担を行うとともに、係内での対応が困難と見込まれる場合には、他の係からの応援を受けることについても検討の上、要請していく。

　第3に、互いを気にし合い、協力して対応できるような雰囲気づくりを行う。まず、主任として、周囲の職員に積極的に声掛けを行い、コミュニケーションを活発化していくことより、職員が話しやすい雰囲気づくりに努めていく。また、それとあわせて、特定の職員に業務量が偏っていないか、メンタル不調を訴えている職員がいないか等について、職員とコミュニケーションをとる中で確認していく。業務量が偏っている職員やメンタル不調の職員を発見した場合には、本人に具体的な状況や事情をよく確認するとともに、その状況を改善するための方法について相談に乗る。そして、本人の了承を得た上で早急に係長に相談し、業務量の平準化やその他必要な対応を実施していく。メンタル不調の職員がいた場合には、業務を進めていく上での相談に乗るとともに、状況に応じて産業医へつなぐ等の対応を行う。

　私は主任として、以上に示した3点の取組みを進めることにより、緊急的な対応だけに留まらず、今後も持続的に職員が協力し合いながら課の業務を推進していくことができる職場環境の整備に全力で取り組んでいく覚悟である。

4 行財政運営の効率化

出題文

「○○県の財政は未だに厳しい状況にあることを踏まえ、効率的な行財政運営を行っていくために必要なことについて、あなたの考えを述べなさい。」

❶外してはいけないポイントはここ！

　現在、少子高齢化や人口減少を背景として、自治体の財政は厳しい状況が続いており、今後もこの傾向は続いていくと考えられます。このような状況の中では、自治体が保有している限りある資源をいかに効率的に活用していくかが重要であり、この背景を踏まえた上で、いかに効率化のための具体的な施策を提案できるかが評価のポイントとなります。

① 「行財政運営の効率化」がテーマですので、行政コストをいかに削減するか、費用対効果をいかに高めるかを中心に論じます。

　課題として、行政評価をはじめとする業務改善の仕組みが機能していないといった「仕組み」の問題、職員にコスト意識が欠如しているといった「意識」の問題、行政だけで全てのニーズに答えることは困難であり民間活力の導入が必要であるといった「組織外の力の活用」の問題などが考えられます。これらを参考に、課題と解決策の3点セットを示しましょう。

② 42ページの完成論文例は、都道府県の視点から書いています。このテーマでは、都道府県と市区町村との間で論点や書き方の大きな違いはありませんが、例えば、より住民等との協働がしやすいのは住民に近い市区町村であることなど、都道府県と市区町村との違いを踏まえて書き替えるとよいでしょう。

❷ ポイントを箇条書きにしてみると？

問題提起	・厳しい財政状況の中、複雑化する地域課題を解決していかなければならない。 ・事業の効率化、簡素化、民間活力の活用等、様々な側面から効率的な行財政運営に取り組んでいく必要がある。
課　　題	①効率的な行財政運営を進めていくには不断の見直しを図る必要があるが、前例踏襲的に実施され続けている状況も見受けられる。 ②職員に、コスト意識や経営感覚、柔軟な発想を持って業務改善を図っていく意識が十分醸成されていない。 ③行政だけで全てのニーズに対応していくのは困難であり、民間活力を効果的に導入していく必要がある。
解 決 策	①行政評価の充実と事業見直しの徹底を図る。 　（行政評価の中で事務事業の成果について指標を活用して把握し、担当職員と議論をしながら見直しを図っていく。スクラップアンドビルドを徹底する） ②職員の意識改革を促す。 　（行政評価の中で担当職員に、事業のインプット、アウトプット、アウトカム、費用の分析を行わせ、コスト意識の向上を図っていく） ③指定管理者制度の導入やNPO・住民との協働等を推進していく。 　（施設の運営について、指定管理者制度の導入の可否を検討・実施。NPOや住民等を発掘し、協働による事業実施を推進）

❸ 完成論文例

1 効率的な行財政運営の必要性

　現在、少子高齢化、人口減少が急速に進む中、住民のライフスタイル、住民ニーズの多様化を背景として、地域課題は一層複雑化している。その一方で、今後の○○県の税収は予断を許さない状況であり、今後も長期的に厳しい財政状況となることが予想される。

　このような中で、多様化、複雑化する地域課題を解決していくためには、将来を見据えたより効率的な行財政運営を推進していくことが必要不可欠であり、事業の効率化、簡素化、民間活力の活用等、様々な側面から全庁が一丸となって積極的に取り組んでいく必要がある。

2 効率的な行財政運営を推進するにあたっての課題

　○○県では、これまでも様々な側面から効率的な行財政運営の推進に努めてきたところであるが、次のような課題がある。

　第1に、前例踏襲的な事業実施が一部で行われているということである。財政状況が厳しい中、効率的な行財政運営を進めていくためには、小さな事務事業であっても不断の見直しを図り、選択と集中を推進していく必要があるが、既に実施から数十年が経過している事業が、実施され続けているような状況も見受けられる。

　第2に、職員のコスト意識が十分に醸成されていないということである。社会情勢が目まぐるしく変化する昨今、全ての職員がその変化を敏感に把握し、コスト意識や経営感覚、柔軟な発想を持って日々の業務に取り組み、改善を図っていくことが求められている。しかしながら、そのような意識が全ての職員の中に十分に醸成されているとは言い難い。

　第3に、民間活力の導入をさらに推進する必要があるということである。住民のニーズが一層多様化し、財政状況も厳しい中、行政だけで全てのニーズに対応していくことは困難となっている。そこで、可能な限り民間活力を効果的に導入していくことが重要となっている。

③ 効率的な行財政運営を推進するための方策

　私は○○県の係長として、効率的な行財政運営を推進するため、次の3点について重点的な取組みを行っていく。

　第1に、行政評価の充実と事業見直しの徹底を図る。どのような小さな事業であっても改善する点はどこかにあり、その改善の積み重ねが○○県全体の行財政の効率化につながっていくものである。そこで、係長として、毎年度の行政評価の中で、各事務事業の成果について指標を活用しながら把握し、担当職員と議論をしながら、どのような小さな点であっても不断の見直しを図っていく。また、スクラップアンドビルドの考え方を徹底し、新規事業を実施する際には他の業務の改善を行い、必要コストを十分に把握した上で実施していく。

　第2に、職員の意識改革を促す。まず、毎年度の行政評価の中で担当職員に、事業のインプット、アウトプット、アウトカムと、それに要した費用について分析を行わせ、各職員に当該事業が住民の福祉の向上につながっているか、それに対するコストは適切かといった問いかけをしていくことにより、コスト意識の向上を図っていく。

　第3に、指定管理者制度の導入やNPO・住民との協働等を推進していく。まず、施設の運営について、地域のNPOも含めた指定管理者制度の導入の可否を、費用対効果を十分考慮した上で検討・実施していく。また、課で実施している事業と関連する地域のNPOや住民等を発掘し、協働による事業運営ができる部分がないか検討した上で、当該団体や住民等に積極的に働きかけ、協働による事業実施を推進していく。

④ 効率的な行財政運営に貢献していくために

　職員一人ひとりのコスト意識の向上と、日頃からの地道な改善の積み重ねが、○○県全体の行財政の効率化につながっていく。

　私は、○○県の係長として、県全体の財政状況を常に意識しながら、まず、自らが業務改善を率先垂範していくとともに、係員にコスト意識を持たせ、○○県の効率的な行財政運営に貢献していく覚悟である。

5 テレワークの効果的な活用

出題文

「職場におけるテレワークの効果的な活用について論じてください。」

❶外してはいけないポイントはココ！

　自治体では、新型コロナウイルス感染症の感染拡大を契機としてテレワークの導入が急速に進みました。当初は感染拡大防止のための出勤抑制が主な目的となっていましたが、運用していく中で他のメリットも明らかとなりました。ただ、テレワークにはデメリットもあり、両者を踏まえたバランスのよい回答とできるかが評価のポイントとなります。

① 　テレワークのメリットとしては、通勤時間の軽減による職員の心身の負担軽減といったワーク・ライフ・バランスの観点や、業務に集中して取り組むことができるといった業務効率化の観点等があります。

　　一方のデメリットとしては、特に窓口職場等でテレワークを取得する職員が増えすぎると職場の業務に支障が出ること、テレワークができる職員に偏りが生じた場合、取得できない職員から不満が出ること、管理者による業務の管理が困難なこと等が考えられます。

② 　総論としてはワーク・ライフ・バランスの観点等から推進すべきとなるものの、各論としてはデメリットもあり、バランスのとれた対応が求められるということになります。

　　例えば、「ワーク・ライフ・バランスの観点からテレワークを全面的に導入していくべき」といったように、メリットの面ばかりを強調して論じた場合、思考のバランスが悪いと判断され、減点される可能性があります。

　　国ではテレワークを推奨していますが、自治体は国と比べて住民と接する業務が多く、テレワークに不向きな業務もあることを踏まえて

論じるようにしましょう。不公平感や不満が生じやすい制度であることを認識の上、適切なルール化を図ることについて提案をしていくことが重要です。

❷ ポイントを箇条書きにしてみると？

問題提起	・自治体では新型コロナウイルス感染症を契機にテレワークの導入が急速に進んだが、ワーク・ライフ・バランスの確保や業務の効率化の観点からメリットがあることが明らかとなった。 ・一方で、テレワークにはデメリットもあり、メリット・デメリットを踏まえた制度の改善と実施が必要である。
課　　題	①テレワークに向く仕事とそうでない仕事について整理とルール化が必要である。 ②テレワーク実施の有無による職員間での不公平感が生じないよう配慮する必要がある。 ③テレワークをしている職員の業務を管理者が把握することが難しく、トラブルや不祥事を防ぐためにも対策が必要である。
解 決 策	①テレワークに向く、業務の効率化を図ることができる業務について職員アンケートやヒアリングを通じて整理し、周知する。 ②週あたりの取得可能日数や1日あたり係の何人までが取得可能か等について、課ごとに議論し、ルール化する。 ③業務の開始時及び終了時には上司へ報告するほか、適宜、連絡を取り合いながら業務を行うルールとする。その日の業務の成果を報告・把握する仕組みとする。

❸ 完成論文例

① テレワークの効果的な活用の必要性

　自治体では、新型コロナウイルス感染症の感染拡大を契機として、テレワークの導入が急速に進んだ。当初は感染拡大防止のための出勤抑制の目的が強かったものの、ワーク・ライフ・バランスや心身の健康の確保、業務の効率化の観点等からメリットがあることが明らかとなり、効果的な活用が求められているところである。

　一方で、テレワークには様々なデメリットもあることから、両者を十分踏まえて制度を改善し、効果的な活用を図っていく必要がある。

② 効果的なテレワークを推進していく上での課題

　効果的なテレワークを推進していくには、次のような課題がある。

　第1に、テレワークに向く業務とそうでない業務の整理とルール化が必要である。ワーク・ライフ・バランスを推進することも目的の1つではあるものの、どのような業務であればテレワークにより業務の効率化や効果的な業務の実施を図ることができるかという観点も重要であり、それらについて検討・整理した上で、ルール化する必要がある。

　第2に、テレワーク実施の有無による職員間での不公平感が生じないよう配慮する必要がある。例えば、官庁執務型の部署であればテレワークの実施は可能だが、窓口部署やローテーション勤務のある部署では実施が難しく、実施できる人とできない人に偏りが生じた場合、不公平感と不満が噴出する可能性がある。また、職場内で実施する人が多くなりすぎると、庁舎に勤務している職員に業務のしわ寄せが生じ、不満が出る可能性があることについても配慮が必要である。

　第3に、テレワークをしている職員の業務を管理者が把握する必要がある。テレワークは管理監督者の目が行き届かないため、実際にどのような業務をしているのか、仕事の成果を確認することが難しい。トラブルや不祥事を防ぐためにも、対応が必要である。

③ 効果的なテレワークを実施するための方策

　私は、これらの課題を解決し、効果的なテレワークを推進していくため、次の３点について重点的な取組みを進めていく。

　第１に、テレワークに向く業務を整理・周知する。まず、職員へのアンケートやヒアリングを通じて、実際にテレワークをしたことで業務の効率化や効果的な業務実施ができた業務として、例えば、アイデアを出す必要がある企画立案業務、集中して取り組める作業的業務等をピックアップする。そして、それらを整理した上で、各職場へ周知する。

　第２に、課ごとにテレワークの取得可能期間等について議論し、ルール化する。課ごとに業務内容は異なり、テレワークが取得できる係や職員も異なってくる。例えば窓口部署であれば、庶務係の職員のみが取得でき、窓口担当の係の職員が取得できないとなった場合、職員間での不公平感が噴出する可能性があることから、庶務係で取得できる期間を週１回以内に留める等、ルールを定めてこれを回避する。また、官庁執務型の部署でも取得する職員が多くなった場合、電話対応等の負担が庁舎に出勤している職員に偏るだけでなく、業務運営全体に支障が生じる可能性もあることから、週あたりの取得可能日数や、１日あたり係の何人までが取得可能か等についてルール化する。

　第３に、テレワーク中の業務を管理するルールをつくる。パソコンの操作履歴を確認できるシステムが導入できればよいが、膨大な経費がかかるため現実的ではない。そこで、業務の開始時及び終了時には上司へ報告するほか、適宜、連絡を取り合いながら業務を行うとともに、その日の業務の成果を報告・把握することにより、トラブルや不祥事を回避する。

④ 職員が働きやすい職場づくりのために

　テレワークは、活用の仕方によっては職員及び職場にメリットをもたらしうる仕組みである。私は、上述した方策に取り組んでいくことにより、職員が働きやすい職場づくりを推進していく覚悟である。

6 DX(デジタル・トランスフォーメーション)の推進

出題文

「〇〇市において DX（デジタル・トランスフォーメーション）を推進していくにあたっての課題と解決策を示してください。」

❶外してはいけないポイントはココ！

　自治体 DX（デジタル・トランスフォーメーション）とは、自治体が IT やテクノロジーを活用して業務効率化や生産性向上を図り、住民に対する行政サービスの維持と向上を目指す取組みのことです。DX について十分理解した上で自治体における課題を示し、具体的な解決策を示せるかが評価のポイントとなります。

① 　DX に期待されることは、住民の利便性の向上や業務の効率化が代表的ですが、他にもオープンデータ（誰もがインターネット等を通じて容易に利用できるように公開されたデータ）の積極的な公開により、企業等による活用とサービスの向上につなげていくこと等もあります。

　　また、高齢者等、DX によるサービスを享受する側のデジタルデバイド（情報格差）を解消していく必要や、専門性を有する人材を確保する必要もあります。これらを参考に、課題を3点示しましょう。

② 　抽象的な解決策ではなく、具体的な解決策を示しましょう。

　　例えば、行政サービスの充実施策であれば、「AI チャットボット等による相談体制を充実させる」、地域社会のデジタル化であれば「高齢者等への講習会やサポーター制度の導入によりデジタルデバイド対策を推進する」、デジタル人材の確保・育成施策であれば「研修の充実により職員のリスキリングを進め、先進自治体へ派遣する」といったように、具体的な手段まで書くようにしましょう。

❷ ポイントを箇条書きにしてみると？

問題提起	・現在、AI 等の急速なデジタル技術の発展を背景に、国及び自治体において、DX の推進が重要な政策目標として掲げられている。 ・〇〇市としても、デジタル化を推進し、住民サービスの向上や効率的な業務の実施につなげていく必要がある。
課　　題	①行政サービスや行政事務のデジタル化の余地が多い。 ②地域のデジタルデバイド対策、企業等におけるデジタル化等、住民・企業等がデジタル化の恩恵を受けられる地域づくりが必要である。 ③デジタル化を推進していく人材が不足している。
解 決 策	①行政サービス・事務のデジタル化を推進する。 　（窓口に来なくてもオンラインで相談や手続、支払いができるよう電子申請、キャッシュレス決裁を拡充する。AI チャットボット等による相談体制を充実させる。BPR〈業務改革〉・RPA〈業務自動化〉・AI 等による業務改善を推進する） ②地域社会のデジタル化を推進する。 　（高齢者等への講習会やサポーター制度の導入によりデジタルデバイド対策を推進する。事業者向けセミナーの開催やデジタル化支援補助等により競争力強化を図る。オープンデータ化を推進する） ③デジタル人材の確保・育成を推進する。 　（研修の充実により職員のリスキリングを進め、計画的なローテーション等により育成する。スキルを持つ人材を多様な方法で採用する。デジタル専門人材をアドバイザー雇用し相談体制を構築する）

❸完成論文例

① ○○市における DX 推進の必要性

　現在、AI 等の急速なデジタル技術の発展を背景として、国及び自治体において、DX（デジタル・トランスフォーメーション）の推進が重要な政策目標として掲げられている。

　○○市としても、これを契機として、様々な分野において DX を推進し、住民サービスの向上や効率的・効果的な業務の実施につなげていく必要がある。

② ＤＸを推進していくにあたっての課題

　○○市ではこれまでもデジタル化の取組みを進めてきたところであるが、今後さらに推進していくにあたっては、次のような課題がある。

　第1に、行政サービスや行政事務のデジタル化の余地がまだ多いことである。これまでもデジタル化を推進してきたところではあるが、未だに紙の申請で対応している事務も多く、それらをデジタル化していくことにより行政サービスの向上を図っていく必要がある。

　第2に、地域の住民・企業等がデジタル化の恩恵を受けられる地域づくりが必要である。行政サービスのデジタル化が進んだとしても、高齢者等が電子機器を利用できず、サービスを活用できなかったのでは意味がないため、デジタルデバイド対策が必要である。また、地域社会の一員である企業・団体等におけるデジタル化も進めていく必要がある。

　第3に、デジタル化を推進していく人材が不足している。行政サービスや事務、地域社会のデジタル化を進めていく上でも、デジタル化について専門性を有する人材を確保していく必要があるが、さらなるデジタル化を進めていくにあたって専門性を有する人材を十分確保できているとは言い難い状況にある。

③ DX を推進するための方策

　私は、これらの課題を解決し、○○市におけるデジタル化を推進していくため、次の３点について重点的な取組みを進めていく。

　第１に、行政サービス・事務のデジタル化を推進する。まず、窓口に来なくてもオンラインで相談や手続、支払いができるよう、電子申請が可能な手続を拡充するとともに、わかりやすい申請方法に改善する。また、キャッシュレス決裁の拡充により、オンラインで手続から支払いまでを完結できるようにする。さらに、AI チャットボット等による相談体制の充実により、来庁が不要な体制を整備する。内部事務のデジタル化については、各部署において BPR・RPA・AI 等による業務改善が可能な業務を洗い出し、プロジェクトチームを設置する、デジタル担当部署による伴走支援体制を整備する等により改善を推進していく。

　第２に、地域社会のデジタル化を推進する。まず、高齢者等への講習会や住民によるデジタルサポーター制度の導入・運用を進めることにより、デジタルデバイド対策を推進する。また、デジタル化セミナーの開催やデジタル化支援補助の拡充等により企業のデジタル化を促進する。さらに、行政が保有する情報のオープンデータ化を積極的に行うことにより、民間サービスの提供とサービス向上につなげていく。

　第３に、デジタル人材の確保・育成を推進する。まず、DX に関する研修の充実により職員のリスキリングを進めるとともに、先進的な取組みを行う自治体への職員派遣や計画的な人事ローテーションを行うことにより人材の育成を進めていく。また、知識・スキルを持つ人材を多様な方法で採用するとともに、デジタル専門人材のアドバイザー雇用による相談体制の構築を進めていく。

④ 住民サービスの向上と業務効率化の一層の推進を目指して

　DX の推進は、行政サービスや事務を改善・改革する大きなチャンスであり、この機会を逃すことなく、全庁が一丸となって取り組んでいく必要がある。私は○○市の係長として、上述した解決策に全力で取り組んでいく覚悟である。

1 新規採用職員の育成

出題文

「あなたの職場に配属された新規採用職員について、主任としてどのように育成すべきか、あなたの考えを述べてください。」

❶外してはいけないポイントはここ！

　主任は、職場の中堅職員として、新規採用職員をはじめとする若手職員を育成していく役割を担うことになります。どのように新規採用職員を育成していくか、課題を踏まえた上でいかに具体的な提案ができるかが評価のポイントになります。

① 論文の冒頭で、なぜ新規採用職員を育成する必要があるのかをしっかりと示すことが重要です。

② 新規採用職員を育成するにあたっての課題として、「業務に関連する知識の不足」「仕事の仕方のノウハウ不足」「自ら学び挑戦する意識の醸成」「柔軟な発想の習得」「問題解決能力の習得」等、様々なものが考えられます。これらを参考に、可能な限りテーマを網羅的にとらえた課題を3点示しましょう。

③ 主任試験の設問になりますので、自分が主任になったと想定し、主任の立場から新規採用職員を育成するための具体的な解決策を書きましょう。例えば、「新規採用職員の育成を推進するための新たな人事制度を設計・実施する」といった、主任では実現が困難と考えられる解決策を書くと減点となる可能性がありますので注意しましょう。

❷ ポイントを箇条書きにしてみると？

問題提起	• 自治体では、最少の人員で最大の成果を上げていく必要に迫られており、新規採用職員を一刻も早く育成し、職場の戦力としていく必要がある。
課　　題	①新規採用職員は、職務の経験が少なく、職務に関連する知識が不足している。 ②より広い視野と柔軟な発想を習得させるとともに、自ら学び、挑戦していく主体性を育てる必要がある。 ③問題解決能力を新規採用職員に早く身に付けさせる必要がある。
解 決 策	①職務に関連する知識の習得を支援する。 　（業務の意義や目的・背景等を伝え、課や部の目的との関係を示し、動機付けする。担当業務に関連する知識や実務知識を教える。基本的なスキルの習得度を適宜確認し、指導する） ②広い視野と柔軟な発想の習得を支援し、自ら学び、挑戦するきっかけづくりを行う。 　（常に正解を提示するのではなく、時に問いを投げかけたり、有益な情報を与えたりする） ③問題解決能力を育成する。 　（研修等を通じて問題解決手法を教える。業務の中でそれらの手法を活用した問題解決を指導。「目的と手段が合っているか？」といった問いを投げかけることで問題解決能力を育成）

❸完成論文例

① 新規採用職員の育成の重要性

　現在、自治体では、厳しい財政状況を背景として人員削減が進められる一方で、住民ニーズや地域課題は一層多様化している。各職場における一人ひとりの業務負担も増加しており、最少の人員で最大の成果を上げていく必要に迫られている。このような状況にあっては、新規採用職員を一刻も早く育成し、職場の戦力としていく必要がある。

　新規採用職員は社会に出たばかり、あるいは他の業界から転職したばかりであり、自治体の業務について学ぶべきことが多い。特に、入庁して1年間は非常に重要な時期であり、この期間に基本的な業務知識や取組姿勢を身に付けられたかどうかで、今後の職場の戦力となるかが決まるともいえることから、積極的な育成を進めていく必要がある。

② 新規採用職員の育成方策

　私は職場の中堅職員である主任として、新規採用職員の育成を進めるため、特に次の3点について重点的な取組みを行う。

　第1に、職務に関連する知識の習得を支援する。新規採用職員は、職務の経験が少なく、職務に関連する知識が不足している。一刻も早く職場の戦力として活躍できるようにするためには、担当業務の内容や実務知識をしっかりと身に付けさせる必要がある。

　そこでまず、担当業務の意義や目的、実施の背景等をしっかり伝えるとともに、それが課や部の全体の目的とどのように関係しているかを伝え、動機付けを行う。その上で、担当業務に関連する知識や、具体的な文書の起案方法、各システムの取扱い方法等の実務知識を教える。そして、基本的なスキルを身に付けることができたかについて、半年、1年という節目ごとの到達目標を示し、計画的に指導していく。

　第2に、広い視野と柔軟な発想の習得を支援し、自ら学び、挑戦するきっかけづくりを行う。新規採用職員にとって、担当業務に必要となる

実務知識を身に付けるのはもちろんのことであるが、行政職員として、地域における課題を発見し、解決策を考え、実行に移していくためには、より広い視野と柔軟な発想を習得させるとともに、自ら学び、挑戦していく主体性を育てる必要がある。

　そこで、常に正解を提示するのではなく、時に「その方法だけで本当によいのか？」「どうしたらもっとうまくいくだろうか？」といった問いを投げかけたり、業務に関連する様々な有益な情報を与えたりすることにより、新規採用職員が自ら考え、学び、挑戦する習慣を身に付けさせる。

　第3に、問題解決能力を育成する。自治体の仕事は問題解決の連続であり、問題解決能力を新規採用職員にいかに早く身に付けさせるかが重要である。そこでまず、研修等を通じてプロジェクト・マネジメント等の問題解決の手法を教えるとともに、実際の業務の中で、それらのツールを活用した問題解決を指導する。

　また、「この問題が発生している背景にはどのようなものがあるか？」「目的と手段が本当に合っているか？」といった問いを投げかけることで、新規採用職員に、発生している問題の本質がどのような部分にあるのか、どのような手段を採用すれば実際に課題を解決できるのかを自ら考えさせ、問題解決能力を育成していく。

③ 未来の自治体を担う人材を育成するために

　新規採用職員は未来の○○市を担う存在であり、配属初期の指導こそが今後の職員の能力開発と○○市への貢献の鍵を握っているといっても過言ではない。

　私は、○○市の主任として、新規採用職員の良き手本になるとともに、新規配属職員の能力と可能性を最大限に引き出し、職員が職場の戦力として市政に貢献していくことができるよう、上述した指導に全力で取り組んでいく覚悟である。

2 自治体職員の人材育成

出題文

「自治体職員の人材育成について論じてください。」

❶外してはいけないポイントはここ！

　近年、自治体では、財政状況が一層厳しくなる中、最少のコストで最大の成果を上げていく必要がありますが、その原動力となるのは職員です。そのため、職員の育成は、自治体にとっての最重要事項となります。

　人材育成は、係長試験や管理職試験で頻出のテーマです。それぞれの立場を踏まえた上で、いかに職員の人材育成の具体的な課題と解決策を示せるかが評価のポイントとなります。

① 　自治体職員の育成に関する論点として、職員のモチベーションの向上や経営感覚の醸成といった「意識」の問題、職員のコーディネート能力、説明能力、説得能力の向上といった「能力」の問題、人事評価制度等の人材育成につながる制度をいかに整備するかといった「制度」の問題等がオーソドックスなものとして考えられます。これらを参考に、課題と解決策の3点セットを示しましょう。

② 　係長と管理職は、部下の人材育成を推進していく役割を担っています。係長であれば、係員のモチベーションの向上や能力の向上等について主に書きましょう。管理職であれば、課の職員を全体的にどう育成していくか、大局的な視点から書く必要があります。管理職は人事権を持っていますので、人事考課等に踏み込んで書いてもよいでしょう。

③ 　主任試験に同テーマが出題された場合は、主任としての視点からどのような対応ができるかを具体的に書くようにしましょう。主任の立

場で人事考課制度等にまで踏み込んで書くと、立場をわきまえていないと判断される可能性もありますので注意しましょう。

❷ ポイントを箇条書きにしてみると？

問題提起	・自治体が抱える課題が一層複雑化する一方、自治体の財政状況はさらに厳しさを増していくことが予想される。 ・一つひとつの地域課題に向き合い、解決していくためには、市政を動かしていく原動力である職員の育成を強化していく必要がある。
課　　題	①職員に、地域を主体的に経営していこうとする意識が十分醸成されていない。 ②職員に、コーディネート能力、説明能力が十分育成されていない。 ③職員の評価が人材育成に十分反映されていない。
解 決 策	①職員の主体的な意識を刺激する仕組みをつくる。 　　（新規事業について公募制を取り入れ、職員の主体性を引き出す。職員提案制度を設け、意識改革を図る） ②職員のコーディネート能力、説明能力の向上を図る。 　　（多様な主体間の意見をコーディネートする研修を実施。住民説明会に職員を参加させ、住民対応を経験させる） ③加点主義の人事評価を行う。 　　（新たなチャレンジをした職員を評価し、人事考課に反映することで創造的・挑戦的な職場風土をつくる。職員に評価の理由等を伝えてモチベーションを刺激）

❸完成論文例

① 地域課題の複雑化・多様化に対応した人材育成の必要性

　現在、自治体が抱える課題は一層複雑化しており、地域特性に応じたきめ細かな政策の実施が求められている。一方で、少子高齢化の進展、本格的な人口減少社会の到来により、自治体の財政状況はさらに厳しさを増していくことが予想される。このような状況の中で一つひとつの地域課題に向き合い、解決していくためには、市政を動かしていく原動力である職員の育成を強化していく必要がある。

② 人材育成の上での課題

　職員の育成については、人事考課制度の整備や研修の充実等、これまでも様々な取組みがされてきたが、なお次のような課題が残っている。

　第1に、職員に、地域を主体的に経営していこうとする意識が十分醸成されていない。複雑化・多様化する地域課題を解決していくためには、地域を主体的に経営していくという意識のもと、社会環境の変化や住民のニーズを的確に把握し、コスト意識を持って取り組んでいく必要がある。しかしながら、与えられた仕事を型どおりにこなせばよいという考えを持つ職員も未だに一部存在しているのが現状である。

　第2に、職員に、コーディネート能力、説明能力が十分育成されていない。これからの自治体経営では地域の各主体との協働が重要となるが、そのためには、多様な利害関係を調整していくコーディネーターとしての役割が求められる。また、厳しい財政状況の中では住民に負担を求めざるを得ない場面もあり、住民にわかりやすく現状と課題を説明し、住民の納得を得ることが必要となる。しかしながら、このような能力の育成が十分に行えていない。

　第3に、職員の評価が人材育成に十分反映されていない。現在、人事考課制度が導入されているが、評価結果の中身が職員に公開されることは少なく、どのような点が評価されて結果が出たのか、何が問題であっ

たのかが把握できないのが現状である。これでは、モチベーションを向上させ、自分の持つ弱点を把握して克服しようという意識を職員が持つことは難しい。

③ 人材育成の具体的方策

　私は、これらの課題を解決し、○○市政を支える有能な職員を育成していくため、特に次の３点について重点的な取組みを行う。

　第１に、職員の主体的な意識を刺激する仕組みをつくる。新規事業について公募制を取り入れることにより、職員の主体性を引き出す。また、職員提案制度を設け、積極的な提案を促し、提案の採用者を表彰し、提案者に企画から実施までを任せることにより職員の意識改革を促すとともに、企画立案能力の向上や組織の活性化につなげていく。

　第２に、職員のコーディネート能力、説明能力の向上を図る。多様な主体間の意見をコーディネートする参加型の研修を受講させることにより、コーディネート能力や説明・説得能力の育成を図る。また、住民への説明会等に職員を参加させ、市民への説明、質問への対応等を実際に経験させることにより、これらの能力の向上を図っていく。

　第３に、加点主義の人事評価を行う。失敗をしたとしても新たなチャレンジをした職員を評価し、人事考課に反映することにより、失敗を恐れない創造的・挑戦的な職場風土をつくる。また、人事評価後に職員と面接を行う中で評価の理由等を伝えることで、モチベーションを刺激し、育成につなげていく。

④ 地域間競争に対応できる人材の育成に向けて

　厳しい財政状況の中、多様化する住民ニーズや課題に対応し、自治体間競争を勝ち抜いていくための原動力は、自治体の職員による創意工夫である。ただ、職員の育成は一朝一夕に実現できるものではない。

　私は○○市の管理職として、中長期的な人材の育成を常に念頭に置きながら、職員の能力を最大限に引き出すことができるような人材育成に全力で取り組んでいく覚悟である。

3 モチベーションの高い職場づくり

出題文

以下の事例をもとに、設問に回答してください。

> あなたは4月に観光振興を行うA課に主任として配置された。
> ベテランのB主任は課の在籍年数も長く、様々なイベント業務に精通しているが、ある時、若手のC主事が例年実施しているイベントに新たな内容を追加したいとB主任に相談したところ、「皆が大変になるだけだ。新しいことをやったところでどうせ観光客が増えることはない。今までどおりやっていればトラブルも起きないし、それが一番よい」と言われた。
> B主任は他の職員に対しても同様の対応を繰り返しており、時に強い口調で否定的な発言をするため、周囲の職員は萎縮しており、職場全体で会話が少なくなり、雰囲気が悪くなってきている。また、B主任の考えに同調し、新しいことに消極的な職員も一部出てきている。
> 1　この事例における課題を述べてください。
> 2　課題への対策について主任の役割を踏まえて述べてください。

❶外してはいけないポイントはココ！

　主任には、職場で実務を遂行する中心的な存在として、職場の雰囲気づくりや職員のモチベーションが向上するような環境づくりを進めていくことが求められます。その役割を理解した上で、事例から課題を読み取り、具体的な解決策を提示できるかが評価のポイントとなります。

①　この事例では、新しいことをやろうというモチベーションのある若手のC主事が、B主任の前例踏襲主義、ことなかれ主義の考え方によりやりたいことができなくなってしまっている点が課題です。

　また、B主任が「新しいことをやったところでどうせ観光客が増えることはない」と発言していることから、課の本務である観光振興を進めていくこと自体に否定的なことがうかがえ、それが他の職員にも伝播し、B主任に同調する職員が出てきていることも大きな課題です。

② このような状況になってしまっている背景を考えてみると、Ｂ主任の前例踏襲・ことなかれ主義やモチベーションの低さが主要因であることは明らかですが、Ｂ主任だけをどうにかすればよいというわけではありません。

職場におけるコミュニケーションの少なさ、雰囲気の悪さ、新しいことに消極的な職員が出てきているといった問題をどうするかの方が重要です。

試験では、特定個人への対策ではなく、広い視点から職場の問題点を抽出し、具体的な解決策を示せるかが評価のポイントとなります。今回のような事例でＢ主任のみへの対策（例えば、係長や課長に報告してＢ主任に注意してもらう、異動させてもらう等）に留めた場合、視野が狭いと判断され、低評価となる可能性があるので注意しましょう（なお、Ｂ主任への対応を課題・解決策の３点セットの１つとして書く程度であれば問題ありません）。

③ 課題を抽出する際には、必ず各登場人物の動きに触れるようにしましょう。登場人物に全く触れることなく、通常の論文のように抽象的な内容とした場合、減点となる可能性があります。

❷ ポイントを箇条書きにしてみると？

課　題	①前例踏襲が多く、チャレンジする組織風土がなくなっている。 ②Ｂ主任の前例踏襲的な考えに同調する職員もおり、観光振興の業務目的が職員間で共有できていない。 ③Ｂ主任の言動により、職員間の会話が少なく、雰囲気が悪くなってきている。
解 決 策	①業務に前向きに取り組む組織風土をつくる。 ②観光振興の意義と目的、組織としての目標を共有する。 ③何でも話し合えるような風通しのよい職場風土をつくる。

❸完成論文例

①事例における課題

　本事例における課題は以下の3点である。

　第1に、前例踏襲が多く、チャレンジする組織風土がなくなっていることである。若手のC主事がイベントに新たな内容を盛り込もうとしたところ、ベテランのB主任が「今までどおりやっていればトラブルも起きないし、それが一番よい」と発言しており、前例踏襲の意識が強く、新たな取組みをする意識が薄くなっている点の改善が必要である。

　第2に、業務の目的意識が不足していることである。B主任は「新しいことをやったところでどうせ観光客が増えることはない」と発言しており、それに同調する職員も一部出ている。観光振興という業務の目的を改めて職員間で共有し、同じ方向を見て対応できるようにしていく必要がある。

　第3に、職員間のコミュニケーションが不足していることである。B主任の言動もあって、周囲の職員は萎縮しており、職場全体で会話が少なくなり、雰囲気が悪くなってきている状況がある。この状況を放置した場合、課の業務運営全体に悪影響を及ぼす可能性があるため、改善が必要である。

②課題への対策

　前述した課題に対し、私は主任として、以下の3点の対策に重点的に取り組んでいく。

　第1に、業務に前向きに取り組む組織風土をつくることである。B主任の前例踏襲・ことなかれ主義の考え方が周囲に悪影響を与えていることは明らかであるものの、他の職員の中にも前例踏襲の意識を持つ者がいることから、B主任だけへの対応に留めるのではなく、組織としての風土の改善に取り組む必要がある。そこで、まず、主任として自ら積極的かつポジティブな言動を心掛け、細かい改善であっても積極的に提

案・実行を積み重ねていくとともに、新たな事業内容の提案を積極的に行うことにより、周囲の職員にも前向きに仕事に取り組む姿勢を見せていく。また、Ｃ主事をはじめとする特にモチベーションの高い職員と相談し、周囲を巻き込み、連携・協力しながら、係長に対して積極的な改善や新たな取組みを提案・実現することを積み重ねていくことにより、業務に前向きに取り組む組織風土づくりを進めていく。

　第２に、業務の目的意識を共有化することである。観光振興を推進するためには、観光資源の発掘、広報誌やチラシ、ホームページやSNS等を活用したPR、観光イベントの開催等、様々な手段を組み合わせて推進していく必要がある。しかしながら、特に都心部にあり観光資源も多くはない○○市においては、個々の観光振興事業を実施したことによる効果等を明確に測定して示すことも難しく、観光振興を推進する目的意識や目標を職員間で共有することが難しい面がある。そこで、改めて観光振興の意義と目的、組織としての目標について係員で議論する機会を設けることについて係長に提案の上、実施する。その議論の中で、職員合意の上で具体的な目標を定めることにより、意識を共有し、同じ目的意識を持ちながら行動できるようにしていく。

　第３に、風通しのよい職場風土をつくることである。まず、日頃から意識的かつ積極的に周囲の職員へ声掛けをすることにより、職員間の会話を生み出し、コミュニケーションを活発化させていく。また、係長とも相談の上、定期的な係会を開催し、その中でコミュニケーションを積極的にとり、情報共有をしながら、何でも話し合えるような環境づくりに努めていく。

　私は○○市の主任として、上述した３つの取組みを推進していくことにより、職場の問題点を解決し、職員が同じ方向を見て観光振興の業務を推進していく環境づくりに努めていく。

1 職員のメンタルヘルス

出題文

「職員のメンタルヘルスについて論じてください。」

❶外してはいけないポイントはここ！

　近年、自治体職員のメンタルヘルス疾患が増加しています。その背景には、住民の行政に対する厳しい視線や一人当たり業務量の増加等があると考えられます。こうした背景を踏まえた上で、職員がメンタルヘルス疾患に陥らないような職場環境づくりについて具体的な解決策を示せるかが評価のポイントとなります。

① 　メンタルヘルスへの対応には、まず、「予防と健康増進」を図り、次に「早期発見と対処」を行い、「治療と職場復帰、再発予防」を行うというステップがあります。また、労働者自身が対処する「セルフケア」、管理監督者が職場の具体的なストレス要因を把握し改善する「ラインによるケア」「産業保健スタッフによるケア」、専門機関を活用する「事業場外資源によるケア」といった分類もあります。これらも参考にして課題を3点示しましょう。

② 　メンタルヘルスに関する具体的な解決策としては、監督者や職員へのメンタルヘルス教育、本人・上司・同僚への気づきの支援、ストレスチェックの実施、相談窓口の整備、休職中職員の精神面でのケア、復帰の際のリハビリ出勤支援等が考えられます。また、一部のクレーマー等からのクレームによりメンタルヘルス疾患に陥るケースもあることから、組織としていかにクレームに対応するかといった解決策も考えられます。

❷ ポイントを箇条書きにしてみると？

問題提起	• 近年、メンタルヘルス疾患にかかる職員が増加しており、人材の喪失、職員の疲弊、職員のモチベーションの低下等の影響が懸念される。 • 職員がメンタルヘルス疾患に陥らないような環境を整備する必要がある。
課　　題	①監督者及び職員へのメンタルヘルス研修を充実・強化する必要がある。 ②メンタルヘルス疾患者の早期発見、早期対応の仕組みを充実・強化する必要がある。 ③職場内でのクレーマー等への対応体制を構築する必要がある。
解　決　策	①監督者を対象とした研修を充実させ、メンタルヘルス疾患に陥る兆候をチェックする方法を習得させる。職員に対してストレスコントロールの研修を行う。 ②監督者に職員のメンタルヘルス状況のチェックリストを配付し、定期的にチェックする。兆候が見られる場合には産業保健スタッフによる健康相談を行い、専門機関へつなげる。メンタルヘルス疾患者には産業医等が復帰に向けた計画を作成し、関係者が連携して対応する。 ③クレーマー等の対応は複数人で行うようルール化し、サポート体制を整備する。

❸完成論文例

①求められるメンタルヘルスへの対応

　現在、自治体では、住民の行政に対する厳しい視線や一部のクレーマーの存在、人員削減による一人当たりの業務量の増加等を背景として、うつ病や神経症等のメンタルヘルス疾患にかかる職員が増加してきており、長期的な欠勤や最悪の場合では退職にまでつながるケースも増えている。

　職場におけるメンタルヘルス疾患者の増加は、本人の健康やキャリアの問題だけに留まらず、退職等による人材の喪失、職場における一人当たりの業務量の増加による職員の疲弊、周囲の職員のモチベーションの低下等、職場環境にも大きな影響を与える可能性がある。ストレス社会といわれる中で、職員がメンタルヘルス疾患に陥らないような環境を整備することは重要であり、その対応が求められている。

②メンタルヘルス疾患者の低減に向けた対応策

　○○市では、これまでもメンタルヘルス疾患者の低減に向けた取組みを行ってきたところであるが、さらにメンタルヘルス疾患者を減らすためには、次のような対応を行う必要がある。

　第1に、監督者及び職員へのメンタルヘルス研修を充実・強化する。まず、監督者である課長、係長を対象としたメンタルヘルス研修の内容を充実させる。監督者には、研修を通じて、部下に対するパワーハラスメントがないか、仕事の負担が特定の職員に偏っていないか、メンタルヘルスに陥る兆候が見られないか等をチェックする方法を習得させる。

　また、メンタルヘルス疾患に陥らないようにするためには、個人がストレスコントロールをできるようにセルフケアをすることが重要であることから、職員に対してストレスコントロールの研修を行う。

　第2に、メンタルヘルス疾患者の早期発見、早期対応の仕組みを充実・強化する。メンタルヘルス疾患に陥る前には、何かしらの兆候が見

られるものであり、その兆候を見落とさず、早期に発見し、早期に対応することが重要である。そこで、課長、係長等の監督者に対して、職員のメンタルヘルス状況をチェックするためのチェックリストを配付し、定期的にチェックする体制を構築する。

また、職員個人のストレスチェックの結果をもとに、その兆候が見られる場合には産業医等の産業保健スタッフによる健康相談を行うとともに、ケースによっては他の専門機関へつなげていくことにより、メンタルヘルス疾患者の相談体制の充実を図る。メンタルヘルス疾患者に対しては、産業医及び監督者がその復帰に向けた計画を作成し、適宜面接を行い、関係者が密接に情報共有・連携を図りながら対応する仕組みを構築する。

第3に、職場内でのクレーマー等への対応体制を構築する。近年、クレーマー等が過大な要求を突きつけるケースが増加しているが、それがメンタルヘルス疾患者の増加につながっている可能性もある。そのため、クレーマー等への対応は複数人で行うようルール化し、サポート体制を整備することにより、職員の精神的な負担を軽減し、メンタルヘルス疾患に陥ることを未然に防止する。

③ 職員が安心して仕事ができる職場を目指して

自治体は、今後、さらに厳しさを増す財政状況の中で、複雑化・多様化する地域課題に対応していく必要に迫られていくこととなる。その課題解決を担う原動力は自治体職員であるが、その職員がいきいきと仕事をしていくことができるようにするためには、うつ病をはじめとするメンタルヘルスの問題を、職員個人の問題ではなく、組織の重要な問題としてとらえて対応していく必要がある。

私は、これらのことを十分認識した上で、問題の解決に全力で取り組んでいく覚悟である。

2 職員の不祥事への対応

出題文

「公金横領事件をはじめとする公務員による不祥事が発生している状況を踏まえ、その対策について論じてください。」

❶外してはいけないポイントはここ！

　近年、収賄や公金横領、飲酒運転等、公務員による不祥事が後を絶ちません。ひとたび公務員による不祥事が発生すると、自治体全体の信用を失墜させ、自治体運営に大きな支障をもたらします。そのような事態を発生させないため、いかに不祥事の発生を全庁的に防止していくかについて具体的な提案ができるかが評価のポイントになります。

①　職員の不祥事を防止するための論点として、職員一人ひとりに不祥事の発生が自身及び組織にいかに大きな影響を与えるかを認識させるといった「意識」の問題、管理者がいかに職員一人ひとりの状況を把握・管理するかといった「管理」の問題、不正が発生しないように組織としていかにチェック体制を構築するかといった「体制」の問題等が考えられます。これらを参考に、課題を3点示しましょう。

②　抽象的な解決策ではなく、可能な限り具体的な解決策を示しましょう。例えば、職員一人ひとりに公務員としての意識をしっかりと持たせるために、「具体的な不祥事の事例を盛り込んだリーフレットを作成し、職員に配付して意識を喚起する。」「セルフチェックシートを作成・配付し、職員にチェックさせる。」「実例を用いた研修を定期的に実施し意識を喚起する。」といったように、具体的な手段まで書くようにします。

❷ ポイントを箇条書きにしてみると？

問題提起	・公務員による不祥事は自治体全体の信用を失墜させ、その後の自治体運営に大きな支障をもたらすこととなる。 ・全庁的に不祥事の発生を防止していく必要がある。
課　題	①職員一人ひとりに公務員としての意識をしっかりと持たせる必要がある。 ②管理者への意識啓発を行うことが必要である。 ③不正防止のチェック体制を強化する必要がある。
解 決 策	①具体的な不祥事の事例を盛り込んだリーフレットを作成し、職員に配付して意識を喚起する。セルフチェックシートを作成・配付し、職員にチェックさせる。実例を用いた研修を定期的に実施し意識を喚起する。 ②管理者に対し、不祥事が発生する兆候等を把握するための意識付けの研修を行う。 ③出納帳を作成し、職員間で相互にチェックするとともに、上司がチェックする体制を構築する。年に数回は再度のチェックを行う。金銭取扱者が定期的に異動する基準を設ける。

❸ 完成論文例

① 公務員の不祥事による自治体の信用失墜

　近年、収賄や公金横領、飲酒運転等、公務員による不祥事が後を絶たない。住民の信託を受けて公務を遂行する公務員には、全体の奉仕者としての高いモラルが求められること、その給与の原資が住民の収めた貴重な税金であることなどから、公務員の不祥事に対し、住民やマスコミから厳しい視線を向けられている。ひとたび公務員による不祥事が発生すると、自治体全体の信用を失墜させ、その後の自治体運営に大きな支障をもたらすこととなる。

　そのような事態を発生させないためには、職員一人ひとりが公務員としての自覚を持ち、法令遵守を徹底し、不祥事の発生を全庁的に防止していく必要がある。

② 不祥事の防止のための解決策

　○○市では、これまでも様々な不祥事の防止に関する対策をしてきたところであるが、さらにそれを強化し、職員の不祥事を防ぐため、私は、次の３点について特に重点的な取組みを行う。

　第１に、職員の意識改革を図る。不祥事を防止するためには、職員一人ひとりが公務員としての意識をしっかりと持つことが必要である。そこでまず、具体的な不祥事の事例を盛り込んだリーフレットを作成し、職員に配付して意識を喚起する。

　また、不祥事を防止するためのセルフチェックシートを作成・配付し、職員に定期的にチェックさせる。そして、実例を用いた研修を定期的に職員に実施し、不祥事を起こした職員がどのような結末をたどるのかを具体的な事例で見せることにより意識を喚起する。

　第２に、管理者への意識啓発を行う。不祥事が発生する前には、職員があいさつをしない、欠勤・遅刻をする、身だしなみが乱れている、頻繁に私用の電話が職場にかかってくる、無断離席をするといった何かし

らの兆候が見られるといわれている。また、不祥事が起きやすい職場の特徴として、モラル違反等が放置されている、コミュニケーションが不足しているといった状況があるといわれている。このような状況を把握し、未然の対応を行うのは管理者の役割であることから、係長及び管理職に対し、これらの兆候を把握するための意識付けの研修を行う。

第3に、不正防止のチェック体制を強化する。特に公金の取扱い等の際には、複数の職員によるチェック体制を構築することが必要であるが、そのような体制が十分に構築されていない場合も多い。そこで、出納帳を作成し、職員間で相互にチェックするとともに、上司が必ずチェックする体制を構築する。そして、年に数回は再度のチェックを行う。さらに、金銭取扱者については、定期的に異動する基準を設ける。

③ 信頼される自治体を目指して

住民の自治体職員に対する信頼は、自治体を運営していく上での基礎的な条件である。不祥事の発生は、その信頼を一瞬で失わせるものである。職員が法令を遵守し、高い倫理観を持ち、公正・公平に行動することにより、住民の信頼を得ていかなければならない。

私は、信頼される自治体を目指し、全力で上述した取組みを推進していく覚悟である。

3 職場におけるワーク・ライフ・バランスの確保

出題文

「職場におけるワーク・ライフ・バランスの確保について論じてください。」

❶外してはいけないポイントはココ！

　近年、長時間の残業を前提とした働き方からの脱却を目的とした働き方改革、育児や介護等に関する休業・休暇制度の充実等の動きもあり、職員が仕事と家庭を両立しながら生き生きと働けるようなワーク・ライフ・バランスの確保は重要な課題となっています。このような背景を踏まえた上で、具体的な課題と解決策を示すことができるかが評価のポイントとなります。

①　ワーク・ライフ・バランスが確保できている職場の条件を考えてみると、長時間の残業がなく心身への負担が少ない、育児や介護等の家庭の事情とバランスをとりながら仕事ができる、職員間でワーク・ライフ・バランスの確保に関する意識が共有されており、育児や介護を目的として休む職員等への理解があるといったことが浮かんできます。これらからバランスよく課題と解決策の3点セットを示しましょう。

②　特に昨今、育児休暇・休業制度だけでなく、様々な休暇・休業制度等も充実してきており、多様な生活実態に応じたワーク・ライフ・バランスの確保が推進されています。しかしながら、それにより、育児や介護をしていない職員にしわ寄せが生じ、不満が噴出するような事態は回避しなければなりません。そのような視点も持って論文を書くとよいでしょう。

③　職場の管理に関する設問であるため、係長・管理職試験でこのテー

マが出題される傾向にあります。各役職に応じた視点で論じるように
しましょう。

❷ ポイントを箇条書きにしてみると？

問題提起	・現在、働き方改革や育児・介護等に関する休暇・休業制度の充実等の動きもあり、ワーク・ライフ・バランスの確保は重要な課題となっている。 ・〇〇市としても、職員が仕事と家庭を両立しながら生き生きと働ける環境づくりを推進していく必要がある。
課　　題	①長時間の残業をなくすことにより、心身の健康を維持し、生活のゆとりを確保する必要がある。 ②休暇・休業制度を利用しやすい組織風土づくりが必要である。 ③育児や介護等を目的に休暇・休業制度等を活用している職員以外の職員にしわ寄せが生じることのないよう配慮する必要がある。
解　決　策	①職場ごとのノー残業デーの設定や業務量の平準化を図ることにより、長時間の残業を減らす。 ②育児・介護等の休暇制度の利用者の体験談等を職員報等で周知するとともに、研修等でワーク・ライフ・バランスの必要性、ハラスメントに関する研修等を実施することにより、意識の醸成を行う。 ③職員間での業務のフォロー体制を構築する、必要に応じて人員を配置する。

❸完成論文例

1 職場におけるワーク・ライフ・バランス確保の必要性

　現在、これまでの長時間の残業を前提とした働き方からの脱却を目的とした働き方改革や、育児・介護等に関する休暇・休業制度の充実等の動きもあり、職場における職員のワーク・ライフ・バランスの確保は重要な課題となっている。

　このような中、○○市としても、職員が仕事と家庭を両立しながら生き生きと働けるような環境づくりをこれまで以上に推進していく必要がある。

2 ワーク・ライフ・バランスを確保していくための課題

　○○市ではこれまでも職場におけるワーク・ライフ・バランスの確保を進めてきたところであるが、さらに推進していくにあたっては、次のような課題がある。

　第1に、長時間の残業をなくす必要がある。ワーク・ライフ・バランスを確保していく大前提として、長時間の残業をなくすことにより、心身の健康を維持し、生活のゆとりを確保していく必要がある。

　第2に、休暇・休業制度を利用しやすい組織風土づくりが必要である。育児や介護等の事情を抱える職員は、時に周囲の目を気にして休暇・休業制度の使用を躊躇する可能性があり、そのようなことのないよう活用しやすい組織風土をつくっていく必要がある。また、周囲の職員に対しても、休暇・休業制度を利用する職員への理解を促し、協力しながら業務を進めていくことができるような意識醸成が必要である。

　第3に、育児や介護等を目的に休暇・休業制度等を活用している職員以外の職員にしわ寄せが生じることのないよう配慮する必要がある。特に、特定の職員にしわ寄せが生じた場合に不満が噴出しやすく、その場合、職場内での不和を招く原因となるため、十分な配慮が必要である。

③ ワーク・ライフ・バランスの確保に向けた方策

　私は、これらの課題を解決し、職員のワーク・ライフ・バランスの確保を推進していくため、次の３点について重点的な取組みを進めていく。

　第１に、長時間の残業を減らす取組みを推進する。職場ごとにノー残業デーを設定し、効率的に業務を進め、係長や管理職が職員に帰宅を促す。また、仕事をする時は集中して行い、休む時は休むといったメリハリのある業務の進行管理に関する意識付けを行うとともに、適宜の休暇の取得による心身への負担軽減、それによる業務効率の向上について啓発していく。業務量が特定の職員に偏っている場合には、業務の優先順位を付けて対応するよう促すとともに、適宜、分担の見直し等を行うことにより、業務量の平準化を図る。

　第２に、ワーク・ライフ・バランスに関する職員への意識啓発、意識醸成を推進する。まず、育児・介護等の休暇・休業制度の利用者の体験談等を職員報等で周知することにより、休暇・休業制度を利用することの意義等について職員の理解促進を図る。また、ワーク・ライフ・バランスの必要性やメリット等を啓発する研修を実施するとともに、それらを阻害するような行為はハラスメントに当たる可能性があることについても研修等により意識付けを図る。

　第３に、職員間での適切な業務のフォロー体制を構築する。職場内で育児や介護等を目的に休暇・休業制度等を活用している職員がいる場合、それ以外の職員にしわ寄せが生じることのないよう、業務を周囲の職員で分担して担当するとともに、必要が生じた場合には人員の配置について人事部門と調整していく。

④ 働きやすい職場環境の整備のために

　職員誰もが仕事と家庭のバランスを保ちながら、健康でやりがいを持ちながら仕事をしていくことは、住民サービスの向上を図っていく上でも重要である。

　私は、職員のワーク・ライフ・バランスの確保に向けて、上述した方策に全力で取り組んでいく覚悟である。

❶ 住民対応と主任の役割

「住民対応と主任の役割について論じてください。」

❶外してはいけないポイントはここ！

　近年、住民ニーズに応じた的確かつ柔軟な住民対応が求められる一方で、過剰な要求をするクレーマー等とのトラブルも多く発生しています。これらの背景を十分踏まえた上で、住民ニーズに的確に対応した公平・公正な住民対応をするための施策をいかに提案できるかが評価のポイントとなります。

① 　住民対応に関する論点として、目まぐるしく変化する住民ニーズをいかに把握するか、いかに住民ニーズを踏まえた的確な対応をするか、住民トラブルをいかに減らすか、一部のクレーマー等の過剰な要求にいかに対応するか、公平・公正な対応をいかにするかといったものが考えられます。これらを参考に、課題を3点設定しましょう。

② 　住民対応における主任の役割がテーマとなっていますので、設定した課題に対し、主任の視点から具体的な解決策を書きましょう。

　例えば、住民トラブルをいかに減らすかという論点では、住民をたらいまわしにしてしまった場合、住民によって異なる対応をしてしまった場合、以前回答した内容と異なる回答をしてしまった場合等にトラブルが発生しがちです。そのようなトラブルを避けるため、「職員間で、よくある質問と回答、トラブル事例、対応ノウハウ等をデータベース化し、共有する」といったように、具体的な手段にまで踏み込んだ解決策を書くと高評価を得られるでしょう。

❷ポイントを箇条書きにしてみると？

問題提起	・住民ニーズが一層多様化する一方で、住民とのトラブルも多く発生している。 ・住民ニーズに的確に対応しつつ、公平・公正な住民対応をしていくことのできる職場づくりが必要。
課 題	①たらいまわしや住民によって異なる対応をした場合などにトラブルが発生。 ②過剰な要求をしてくるクレーマーに対しては、職員のチームワークのもとで対応していく必要がある。 ③刻々と変化する住民ニーズを敏感に感じ取り、ニーズに応じた業務改善を絶えず実施していくことが重要。
解 決 策	①職員間での情報共有を強化する。 　（よくある質問と回答、トラブル事例、対応ノウハウ等をデータベース化し、共有する。データベースを定期的に更新する） ②チームワークの強化を図る。 　（クレーマー等には複数人で対応するルールを決める。トラブル対応方法等について係内ミーティングを行う） ③絶えず住民ニーズの把握と業務改善を行う。 　（担当業務の知識等を収集・学習する。業務関係情報を係内で回覧し、ミーティングの際に情報提供する。住民対応における問題や解決策等について係員に投げかけ、適宜業務改善を行う）

❸ 完成論文例

① 住民ニーズを踏まえた住民対応の必要性

　現在、住民の価値観やライフスタイルの多様化を背景として、住民のニーズは一層多様化しており、住民ニーズを踏まえた的確な住民対応が必要となっている。その一方で、過剰な要求を突きつけてくるいわゆるクレーマーをはじめとして、住民とのトラブルも多く発生しているのが現状であり、住民のニーズに的確に対応しつつも、時に過剰な要求には毅然とした態度をとり、公平・公正な住民対応をしていくことが必要とされている。

② 住民ニーズを踏まえた対応を強化するための方策

　私は、○○市の主任として、住民ニーズを踏まえた対応を強化するため、次の3点について重点的な取組みを行う。

　第1に、職員間での情報共有を強化する。たらいまわしにしてしまった場合や住民によって異なる対応をしてしまった場合、以前回答した内容と異なる回答をしてしまった場合などにトラブルが発生することが多い。このようなトラブルを避けるためには、職員間で情報を十分に共有して住民対応を行う必要がある。そこで、業務内容の詳細、よくある質問と回答、トラブルとなった事例や対応困難者への対応ノウハウ等をデータベース化し、職員間で共有する。データベースは定期的に更新し、常に最新の状態で情報共有を図る。

　第2に、チームワークの強化を図る。住民対応を行う上では、職員が連携してサポートし合うことが必要であり、特に、過剰な要求をしてくるクレーマーに対しては、職員の密接なチームワークのもとで対応していく必要がある。そこでまず、係長や係員と相談し、係内での適切な役割分担を行い、クレーマー等には複数人で対応するルールを決め、連携・協力体制を構築する。そして、住民対応で発生したトラブルや新たに必要となる対応方法等について定期的に係内ミーティングを行い、困

難事例についてどのように対応するかなどについて議論をすることで、チームワークの強化を図る。

　第3に、絶えず住民ニーズの把握と業務改善を行う。住民対応を的確に行うためには、職員が刻々と変化する住民ニーズを敏感に感じ取り、そのニーズに応じた業務改善を絶えず実施していくことが重要である。そこでまず、日々、自身の担当業務に関する情報はもちろんのこと、その周辺知識や情報等についても収集・学習し、自己啓発に努める。また、収集した最新の情報等について係内で回覧し、ミーティングの際に情報提供するとともに、他の係員にも住民対応で生じる可能性のある問題やその解決策等を投げかける。そして、課題について係長や係員とも相談の上、適宜業務改善を行っていく。

③住民との信頼関係を強化するために

　住民にとって、対応をする職員は○○市そのものであり、その対応が○○市全体の信頼に影響を与えるものとなる。職員一人ひとりが住民の思いに寄り添い、共感し、困難な課題であっても可能な限りの解決策を導き出していくことにより、住民の信頼を勝ち取っていくことが求められている。

　私は、○○市の主任として、住民との信頼関係の強化に全力を尽くしていく。

2 市民に開かれた行政の推進

出題文

「市民に開かれた行政の推進について論じてください。」

❶外してはいけないポイントはここ！

　出題文が抽象的であるため、「市民に開かれた行政」とはどのようなものかを的確に把握して課題を抽出し、それに対する具体的な解決策を提示できるかが評価のポイントとなります。

① 「市民に開かれた行政」とはどのようなものでしょうか。

　　市民が必要とする情報を的確に提供する（情報発信）、市民の意見や要望を把握して柔軟に行政に反映させる（広聴）、市民が市政に参加するもしくは市民と行政とが協力しながら行政運営を行っていく（参加・協働）といったように、双方向で情報共有や意見交換をしながら共に行政運営をしていくことが「市民に開かれた行政」であるといえます。これらの論点を参考に、課題を３点挙げましょう。

② 　例えば、「参加・参画を促していくために情報発信を充実させる必要がある」という課題を設定した場合、その解決策は、「市民が必要とする情報、市民が関心を持つような発信方法等を検討・実施する」というのがオーソドックスな解決策になります。

　　ただ、近年、公共的なデータを二次利用可能な形で一般に提供し、市民やNPO等による有効な活用を促す「オープンデータ」といわれる取組みが注目されています。このような先進的な取組みも盛り込むことができれば、高評価を獲得することができます。

❷ポイントを箇条書きにしてみると？

問題提起	・行政だけで全ての地域課題を解決することは困難となっており、市民の理解と信頼を得ながら行政への参画を促す「市民に開かれた行政」を推進していくことが必要。
課　　題	①行政への市民の理解を促進し、参加・参画を促していくためには、より一歩踏み込んだ情報発信を行い、説明責任を果たしていく必要がある。 ②あらゆる機会をとらえて市民の意見を把握するとともに、参加・協働の機会を創出していくことが必要であるが、そのような仕組みが十分構築できていない。 ③市民から寄せられる意見や情報が職員だけ、部署だけに留まり、関連する人や部署に共有されていない。
解 決 策	①市民が必要とする情報の発信を充実・強化する。 　　（市民が必要とする情報、市民が関心を持つような発信方法等を検討・実施する。オープンデータ化を進め、市民やNPO等による活用を促す） ②参加・協働の機会を積極的に創出していく。 　　（インターネットで市民の意見を聴取できる仕組みを充実させる。参加・協働に関するホームページを作成し、事業への参加募集等を行う。市民と行政とが協働を進めるための方策について議論する機会を設ける） ③市民の声を庁内で共有し、行政に反映させる体制を構築する。 　　（市民から寄せられる意見や情報を各職員が入力・共有可能なデータベースを構築し、部署間、職員間での情報共有を促進）

❸ 完成論文例

1 市民に開かれた行政の必要性

　現在、市民の価値観やライフスタイルの多様化に伴い、○○市が抱える行政課題が一層複雑化する一方で、財政状況は依然として厳しい状況が続いている。

　このような状況の中、行政だけで全ての地域課題を解決することは困難となっており、市民の理解と信頼を得ながら積極的な行政への参画を促す「市民に開かれた行政」を推進していくことにより、市民と共に豊かな地域社会を築いていくことが必要とされている。

2 市民に開かれた行政を推進するための方策

　○○市では、これまでも開かれた行政を実現するため様々な取組みを行ってきたところであるが、今後、さらなる推進のため、私は次の3点について重点的な取組みを行っていく。

　第1に、市民が必要とする情報の発信を充実・強化する。○○市ではこれまでも様々な手段を活用して情報発信に努めてきたところではあるが、今後の行政への市民の理解を促進するとともに、参加・参画を促していくためには、より一歩を踏み込んだ情報発信を行い、説明責任を果たしていく必要がある。そこでまず、庁内にワーキング・グループを設置し、議論しながら市民が必要とする情報をピックアップし、市民が関心を持つような発信方法を検討・実施していく。

　また、市に関連する統計情報等をホームページの専用ページに整理して掲載するオープンデータ化を進め、市民やNPO等による積極的な活用を促していく。

　第2に、参加・協働の機会を積極的に創出していく。開かれた行政を推進していくためには、あらゆる機会をとらえて市民の意見を把握するとともに、参加・協働の機会を創出していくことが必要であるが、そのような仕組みが十分構築できていないのが現状である。そこで、イン

ターネットで市民の意見を聴取できる仕組みを充実させ、各所属が柔軟に意見聴取できる体制を構築する。

　また、参加・協働に関するホームページを作成し、市が実施する事業への参加募集やボランティア活動の募集、成功事例や住民の体験談等の紹介をはじめ、積極的に参加・協働に関する情報を発信する。さらに、市民等と行政とが協働事業について対話する会を設け、成功事例を共有するとともに、さらに協働を進めるための方策について議論する。

　第3に、市民の声を庁内で十分に共有し、行政に反映させる体制を構築する。市民から寄せられる意見や情報は、行政サービスを改善し、よりよくしていくために重要なものであり、それを行政に反映させてこそ開かれた行政ということができる。しかし、現状ではそれらが意見を受けた職員だけ、部署だけに留まり、関連する人や部署に共有されていないケースも見受けられる。そこで、市民から寄せられる意見や情報を各職員が入力し、共有することが可能なデータベースを構築し、部署間、職員間での情報共有を促進していく。

③ 市民に信頼される市を目指して

　地方分権が進む中、自治体には、市民にわかりやすい情報発信を行うとともに、市民の意見が反映される「開かれた行政」を実現していくことが求められている。「開かれた行政」は一朝一夕に実現できるものではないが、地道な取組みを進めていくことにより、市民の信頼を獲得し、行政への参画を得て、共に豊かな地域社会を築いていく必要がある。

　私は、○○市の係長として、「開かれた行政」の実現に向け、全力で取り組んでいく覚悟である。

❸ 職場における効果的な情報発信

「職場における効果的な情報発信について論じてください。」

❶外してはいけないポイントはここ！

　最近では、SNS のように双方向のコミュニケーションができる多様なツールがあり、これらのツールをいかに有効に活用した情報発信について提案ができるかが評価のポイントとなります。

①　行政の情報発信については、これまで、情報を発信する対象が絞り込まれておらず発信力が弱い、行政から住民への一方通行の情報発信でありコミュニケーションがとれていないといった批判がされてきました。また、情報発信を担うのは広報担当部署だけではなく、各部署の職員一人ひとりが自治体の顔であり、広報担当であることを認識し、日々の住民対応を行うことも重要です。これらの論点を参考に、課題を3点書き出しましょう。

②　86ページの完成論文例は主任の視点で書いています。主任の場合、まず自らの業務の中で率先して課題解決に取り組むのはもちろんのことですが、さらに一歩踏み込んで、係長に相談や提案をして係内や課内での対応を強化していくといったスタンスも加えるとよいでしょう。

　係長試験や管理職試験でこのテーマが出題された場合でも、解決策は概ね同様のもので対応可能ですが、他の課や部との連携といったより広い視点を加えて書くとよいでしょう。

❷ ポイントを箇条書きにしてみると？

問題提起	・複雑化する住民ニーズに対応していくためには、住民が必要とする行政情報をいかに適切なタイミングで的確に提供していくかが重要。 ・急速な ICT 技術の発展等を踏まえ、これらのツールを有効に活用した情報発信に取り組んでいく必要がある。
課　　題	①自治体の情報発信の多くは全市民を対象として行われてきたが、情報を提供すべき対象がぼやけてしまい、有効な情報発信が行えていなかった。 ②行政から住民へのお知らせが中心であった広報を、住民ニーズを踏まえた対話型に切り替えていく必要がある。 ③職場の職員一人ひとりが、効果的な広報の重要性を意識して日々の業務に取り組んでいく必要がある。
解 決 策	①情報発信のターゲットの特定とメディアミックスによる情報発信を推進する。 　（情報発信の対象を明確化し、対象に応じたメディアを組み合わせた情報発信を行う） ②住民とのコミュニケーションを意識した広報を推進する。 　（SNS 等のソーシャルメディアを活用し、双方向での情報交換を行う。適宜、発信する情報や発信方法の改善を図っていく） ③係員の情報発信に関する意識醸成を図る。 　（係内で情報発信の方法等について定期的に議論する機会を設け、意識共有を図る。情報発信に関する基本的な視点、考え方等の統一基準をまとめたマニュアルを作成・共有する）

❸ 完成論文例

1 職場における情報発信の重要性

　現在、少子高齢化、人口減少、国際化等、社会経済情勢がめまぐるしく変化する中、住民のライフスタイルや価値観の多様化を背景として、住民ニーズは一層複雑化している。このような住民ニーズに対応していくためには、住民が必要とする行政情報をいかに適切なタイミングで的確に提供していくかが重要となる。

　一方で、昨今の急速なICT技術の発展やソーシャルメディアをはじめとする多様なツールの開発等により、自治体における情報発信の方法も様変わりしており、各職場において、これらのツールを有効に活用した情報発信に取り組んでいく必要がある。

2 効果的な情報発信を推進するための方策

　私は、○○市の主任として、職場における効果的な情報発信を推進するため、次の3点について重点的な取組みを行っていく。

　第1に、情報発信のターゲットの特定とメディアミックスによる情報発信を推進する。これまでの自治体の情報発信の多くは全市民を対象として行われてきたが、情報を提供すべき対象がぼやけてしまい、必ずしも有効な情報発信が行えていなかった。そこでまず、自分の担当業務の中で、誰に対して情報を発信すべきかを明確化し、その対象に応じ、紙媒体の広報誌やホームページ、ソーシャルメディアの活用、出前講座の実施等、様々なメディアを複合的に組み合わせた情報発信を行っていく。

　第2に、住民とのコミュニケーションを意識した広報を推進する。これまで、自治体の広報は、行政から住民へのお知らせが中心であった。しかしながら、地方分権が進展する中、各地域の特性に合わせたまちづくりを住民と行政とが協働で取り組んでいくことが求められており、各職場における情報発信についても住民ニーズを踏まえた対話型に切り替えていくことが求められている。そこでまず、自分の担当業務の中で情

報発信をする際には、一方通行での発信に留まらず、SNS等のソーシャルメディアを活用し、住民と行政との双方向での情報交換を行っていく。また、係長や同僚と連携しながら、住民から得られた意見を十分に把握し、適宜、発信する情報や発信方法の改善を図っていく。

　第3に、係員の情報発信に関する意識醸成を図る。効果的な情報発信を行っていくためには、職場の職員一人ひとりが、上述したような効果的な広報の重要性を意識して日々の業務に取り組んでいく必要がある。そこでまず、係長と相談の上、係内で情報発信の方法等について定期的に議論する機会を設け、有効な情報発信のためにはターゲットの特定とメディアミックスが重要であること、情報発信は住民とのコミュニケーション手段であること、職員一人ひとりが市の広報担当であることなどについて意識共有を図る。また、これらの情報発信に関する基本的な視点、考え方、取扱いの統一基準をまとめたマニュアルを作成し、係員間で共有することで、係員の情報発信に関する意識醸成を図っていく。

③ 住民に信頼される自治体を目指して

　昨今、社会経済情勢の変化はめまぐるしく、住民ニーズや地域課題も刻々と変化しており、今後もその傾向は加速していくと考えられる。その変化に対応し、住民が必要とする情報を適切なタイミングで、的確なツールを活用して提供していくとともに、様々なツールを活用して住民と行政とのコミュニケーションを図っていくことが、今後さらに求められていくこととなる。

　○○市全体としてこのような効果的な情報発信を推進していくためには、各職場の一人ひとりの職員が十分な意識を持ち、日々の業務の中で地道に取組みを進めていく必要があり、それが住民の行政に対する信頼へとつながっていく。

　私は、○○市の中核を担う主任として、職場における効果的な情報発信に全力で取り組んでいく覚悟である。

❶ 感染症への危機管理体制の構築

「感染症への市における危機管理体制の構築について論じてください。」

❶ 外してはいけないポイントはココ！

　令和2年に発生した新型コロナウイルス感染症は世界中で爆発的に感染が拡大し、自治体では、保健所の体制整備や感染防止に向けた広報、ワクチン接種等、様々な対応を手探りで実施せざるを得ない状況となりました。この教訓を生かし、今後も発生することが想定される感染症に対応できる体制を構築しておく必要があります。どのような課題があったかを理解し、それへの対応策を具体的に示すことができるかが評価のポイントとなります。

① 　自治体における新型コロナウイルス感染症への対応では、様々な課題が発生しました。例えば、各自治体で新型インフルエンザに関する対応計画は策定されていたものの、実際にはあまりそれを活用することができませんでした。

　　この背景には、計画の具体性が乏しかったということがあります。また、感染者への対応やワクチン接種体制を整備するために人員を保健所に集中的に投入する必要がありましたが、各所属からの応援職員の配置調整が難航した、外部からの人材確保が難しかった等、その配置や確保も大きな課題となりました。

② 　個別の論点としては、保健師等の専門職の確保、地域医療体制の構築、感染者の相談体制の整備、ワクチンの接種体制の整備等、様々なものが考えられます。

　　しかしながら、あまり細かい論点に絞るよりは、オーソドックスな内容、例えば、職員の行動マニュアルの整備や事業継続計画（BCP）

の見直し、訓練やシミュレーションの実施といった大きな論点から論じる方が無難です。

❷ポイントを箇条書きにしてみると？

問題提起	• 新型コロナウイルス感染症の際には、保健所を中心に感染者への対応やワクチン接種等、様々な対応を行ったが、トラブルや課題も多かった。 • 今後も発生が想定される感染症に対応するため、今回の教訓を生かし、感染症への対応体制を整備しておく必要がある。
課　　題	①新型インフルエンザの対応計画等はあったが、実際にはあまり活用できなかったことから、今回の経験を踏まえてマニュアルを再整備する必要がある。 ②保健所へ集中的に職員を配置する必要があるが、実際には機動的な人員の配置・確保が難しかったことから、体制をあらかじめ整備しておく必要がある。 ③感染症発生時の訓練が実施できておらず、実効性のある体制を整備していくためにも実施する必要がある。
解 決 策	①職員行動マニュアルを再整備する。 　　（新型コロナウイルス感染症時の問題点を洗い出し、組織体制、各部署で必要な業務を整理する。特に保健所は時系列で対応を整理し、マニュアル化する） ②事業継続計画（BCP）を具体的なものへと見直す。 　　（応援業務・人員数、業務量の増減を整理する。各課の縮小可能業務と余剰人員数、応援配置する優先順位を整理する。外部から人員確保すべき事務も整理する） ③感染症対応訓練・シミュレーションを行う。 　　（テーマごとに訓練を実施し、明らかとなった課題をマニュアルやBCPに反映させていく）

❸完成論文例

①パンデミックの経験を生かした危機管理体制構築の必要性

　令和2年に発生した新型コロナウイルス感染症は世界中で爆発的に感染が拡大した。日本の自治体においても、保健所を中心として、感染者への対応やワクチン接種等、様々な対応を行ったところであるが、トラブルや課題も多かった。

　そこで、今後も発生が想定される感染症に対応するため、今回の教訓を生かし、あらかじめ感染症への対応体制を整備しておく必要がある。

②感染症への危機管理体制構築における課題

　○○市では、これまでも感染症に関する危機管理体制の構築に取り組んできたところであるが、新型コロナウイルス感染症における教訓を踏まえたさらなる体制の強化を図っていくためには次の課題がある。

　第1に、感染症発生時の職員行動マニュアルが実効性の高いものとなっていないことである。新型コロナウイルス感染症の発生時には、新型インフルエンザの対応計画等は整備されていたものの、具体的な内容に乏しく、実際にはあまり活用できなかった。そこで、今回の経験を踏まえて、マニュアルを再整備する必要がある。

　第2に、機動的な人員の確保や配置ができる体制が十分整備できていないことである。新型コロナウイルス感染症の発生時には、保健所等へ集中的に職員を配置する必要があったが、実際には各所属から応援職員を配置する際の調整が難航した、外部人材の確保が難しかった等の課題があった。そのため、緊急時に迅速に対応できるよう、あらかじめ人員の確保・配置体制を整備しておく必要がある。

　第3に、感染症発生時の訓練が実施できていないことである。これまでも災害対策の訓練は定期的に実施してきたが、感染症対策の訓練やシミュレーションは行われていないのが現状であり、実効性のある体制を整備していくためにも、今後、訓練を実施していく必要がある。

③ 感染症の危機管理体制構築に向けた方策

私は、○○市の管理職として、以上の課題に対して、次の３点について重点的に取り組んでいく。

第１に、感染症に関する職員行動マニュアルを再整備する。まず、新型コロナウイルス感染症の際に問題となった点を洗い出し、全庁的に必要となる組織体制を整理するとともに、各部署において必要な業務を整理する。特に保健所については、時系列で必要とされる対応やその際の必要物品等も含めて整理し、マニュアルとしてまとめる。

第２に、感染症発生時における事業継続計画（BCP）を具体的なものへと見直す。まず、新型コロナウイルス感染症の発生時に保健所等へ人員を応援配置した業務及び人員数を整理するとともに、どの部署において業務量の増減が発生したかを整理する。そして、各課において感染症発生時に縮小する業務とそれにより他へ配置できる人員数を整理した上で、事象が発生した際には職員を応援に出すルールを整備する。保健所等へ職員を応援配置する優先順位についても、全庁調整の上、課ごとに整理し、BCPの中に明記しておく。また、組織内だけで人員の確保が難しい業務とその必要人員数の想定、民間の力を借りた方が効果的に実施できる業務についても整理しておく。以上のような計画を整備・周知することにより、感染症発生時にスムーズに人員の応援体制、確保を図ることができるようにしておく。

第３に、行動マニュアルやBCPに基づく感染症対応訓練・シミュレーションを行う。例えば、感染症発生時の初動対応部分についてシナリオに基づく訓練を実施したり、BCPに基づく保健所への応援人員配置の調整について訓練したりと、テーマごとに実施し、そこで明らかとなった課題と対応策をマニュアルやBCPにフィードバックしていく。

④ 住民の生命と財産を守るために

新たな感染症の発生に備え、過去の教訓に基づき感染拡大時の体制を整備し、住民の生命と財産を守ることは○○市の責務である。私は○○市の管理職として、上述した取組みを全力で推進していく覚悟である。

「政策的課題」の合格論文例

第3章では、「政策的課題」のテーマを 30 本示します。それぞれ外してはいけないポイント、「問題提起」「課題」「解決策」の箇条書き、完成論文例を示しています。

1 協働によるまちづくり

出題文

「協働によるまちづくりについて、あなたの考えを述べてください。」

❶外してはいけないポイントはここ！

　現在、公共は行政だけが担うものという考え方から住民の意識も変化してきており、地域社会が抱える様々な課題に取り組む自治組織やNPO・企業等も増えています。このような背景を踏まえた上で、住民や自治組織、NPO・企業等との協働によるまちづくりをいかに推進していくかについて具体的な提案ができるかが評価のポイントとなります。

① 協働事業の情報を住民等が知らなければ活動に参加できません（情報）。また、自治体側から協働できるような仕組みが提供されていなければ協働は進みません（仕組み）。職員の中に協働を推進する意識がなければ協働は進みません（意識）。

　このように、「情報」「仕組み」「意識」といったカテゴリーを意識してテーマを網羅的にとらえた課題と解決策の3点セットを書き出しましょう。

② 協働のテーマでは、「自治体の財政状況が厳しいからコスト削減をするために住民等と協働する」という書き方をしてしまう人がいます。これは住民からの反発を招く可能性がある言い方であり、当然、論文においても評価されませんので、書き方に注意が必要です。

❷ポイントを箇条書きにしてみると？

問題提起	・行政による画一的なサービスだけでは多様化・複雑化する地域課題に対応しきれなくなっている。 ・社会課題に取り組む自治組織やNPO・企業等も増え、新たな公共の担い手としての期待が高まっている。 ・地域の各主体との協働によるまちづくりを進めていく必要がある。
課　　題	①住民等への協働事業に関する情報発信や対話が十分に行えていない。 ②協働を推進する仕組みが不足している。 ③職員の中に協働を推進する意識が共有されていない。
解 決 策	①協働に関する情報発信を強化するとともに、対話の機会を設ける。 　（ホームページやSNSを活用して協働事業への参加募集、成功事例や体験談等の紹介を行う。住民と行政が対話する会を設け、協働推進の方策について議論する） ②協働を推進する仕組みを充実させる。 　（専門スタッフを配備し、相談支援やコーディネートを行う。協働事業の提案制度を構築。人材バンクを設置しマッチングする） ③職員の協働意識の醸成と共有化を促進する。 　（協働マニュアルを作成し研修を行う。庁内に組織横断的な会議体を設置し、協働事業の成功例や推進方策等について議論する）

❸完成論文例

1 住民との協働の必要性

　これまで、公共サービスは行政が主に担ってきたが、現在、地域課題は一層多様化・複雑化しており、行政による画一的なサービスだけでは対応しきれなくなっている。また、公共は行政だけが担うものという考え方も変化してきており、新たな公共の担い手として様々な社会課題に取り組む自治組織やNPO・企業等への期待が高まっている。

　税収の見通しが不透明な中、少子高齢化対策をはじめ、山積する課題に対応していくためには、住民、団体、企業といった地域の各主体と行政とがそれぞれの役割を認識し、共有した上で、地域の力を結集した協働によるまちづくりを進めていく必要がある。

2 住民との協働を進めていくにあたっての課題

　○○市では、これまでも住民等との協働によるまちづくりを進めてきたところであるが、未だに次のような課題が残されている。

　第1に、住民等への協働事業に関する情報発信や対話が十分に行えていない。住民等が行政と協働したいと考えても、行政から働きかけがなければ協働は進まない。また、住民等と行政とが対等のパートナーとして対話する機会がなければ新たな協働は生まれない。しかしながら、そのような情報発信や対話が十分に行えていない。

　第2に、協働を推進する仕組みが不足している。協働を推進するためには、地域の様々な人々の知恵を集め、つなぎ、各事業の中に住民等を巻き込んでいく仕組みを構築する必要があるが、そのような仕組みが十分には構築できていない。

　第3に、職員の中に協働を推進する意識が共有されていない。本格的な協働を進めていくには、まず、住民や町会・自治会、地域の企業・団体等が対等なパートナーであるという認識を持つことが必要である。ただ、職員にそのような意識が十分共有されているとは言い難い。

③ 協働を推進するための方策

　これらの課題について、私は○○市の係長として、次の3点について重点的な取組みを行っていく。

　第1に、協働に関する情報発信を強化するとともに、対話の機会を設ける。まず、ホームページやSNSを活用して市が実施する協働事業への参加募集やボランティア活動の募集、協働事業の成功事例や住民の体験談等の紹介をはじめ、積極的に協働に関する情報を発信する。また、住民等と行政とが協働事業について対話する機会を設け、成功事例を共有し、さらに協働を進めるための方策について議論する。

　第2に、協働を推進する仕組みを充実させる。まず、協働に関する専門スタッフを配備し、協働を希望する住民等の相談支援や庁内の関連部署とのコーディネート、マッチングを行う。また、協働事業の提案制度を構築し、住民や地域貢献を行う希望のある企業等の提案に基づき、各所管とのマッチングを行う。さらに、地域活動を行う住民等の活動内容や協働の希望、企業が地域貢献できる内容等をとりまとめた人材バンクを設置し、希望に応じた協働事業のマッチングを行う。

　第3に、職員の協働意識の醸成と共有化を促進する。まず、職員のコーディネーターとしての心構えや各事業における協働の実施方法、具体的な事例等を盛り込んだ協働マニュアルを作成し、研修を行う。また、職員間での協働意識の共有を図るため、庁内に協働を推進するための組織横断的な連絡会議を設置し、協働事業の成功例やさらなる推進方策等について議論する。

④ 誰もが幸せを実感できる地域社会を築いていくために

　誰もが幸せを実感できる地域社会を築いていくためには、住民等と行政とが、対等なパートナーとして、共通の目的に向けてお互いの強みを生かしながら連携・協力していくことが重要である。

　私は、○○市の係長として、協働の推進に全力で取り組んでいく覚悟である。

2 ボランティア活動と自治体行政

出題文

「ボランティアと自治体行政についてあなたの考えを示してください。」

❶外してはいけないポイントはここ！

　ボランティアや NPO 等が新たな公共の担い手として期待されています。ボランティア活動は、住民の生きがい、助け合い意識等の醸成にも良い影響を与える面もあることを踏まえ、活動を促進していくための具体的な提案ができるかが評価のポイントとなります。

① 　ボランティアを促進するための論点として、住民のボランティア意識の醸成（意識）、個人の能力や専門性の育成（能力）、ボランティアを支援する環境整備の充実（環境）といったように、「意識」「能力」「環境」のカテゴリーを意識して、テーマを網羅的にとらえた課題と解決策の３点セットを書き出しましょう。

② 　課題を書く際の留意点ですが、「住民のボランティア意識が醸成されていない」と書いてしまうと、「全く意識がない」という印象を与えかねません。実際にボランティアをしている住民は多く、全く意識が醸成されていないわけではないことから、「住民のボランティア意識のさらなる醸成が必要」といった表現にする方がよいでしょう。

③ 　このように、既に一定程度の対応が図られていて課題をはっきりと「……できていない」と指摘しにくい場合は、３段構成を採用するのも有効です。３段構成では課題と解決策を一体的に書くことになるため、それぞれの論点において解決策を先に書けば、課題をはっきりと書かなくても成り立ちます。実際、次ページの完成論文例では３段構成で書いていますので参考にしてください。

❷ポイントを箇条書きにしてみると？

問題提起	・ボランティアや NPO 等が新たな公共の担い手として期待されている。 ・ボランティア活動は、住民の生きがい、助け合い意識等の醸成にも良い影響を与える面もあり、積極的に促進していくことが求められている。
課　題	①住民のボランティア意識のさらなる醸成が必要。（意識） ②ボランティア活動に取り組む人の自主性・自発性を尊重しながら、個人の能力や専門性を伸ばすことが必要。（能力） ③ボランティアを支援する環境整備の充実が必要。（環境）
解決策	①住民のボランティア意識を高揚させるための事業を充実・強化する。 　（参加意欲の醸成を図るイベント等を開催。ボランティア情報や体験談等を発信。優良なボランティア活動を行う団体等を表彰し PR する） ②ボランティアの育成施策を充実・強化する。 　（年齢や経験、能力に応じたボランティア講習を企画・実施する。リーダーになりうる人、コーディネート能力を持つ団体等を育成する。講習を通じた仲間づくりを後押しし、イベント開催等により継続的な活動を支援） ③ボランティアを支援する環境の充実を図る。 　（中間支援 NPO 等によるマッチングを強化。相談支援の充実や運営支援等を充実。協議会を定期開催し、情報共有や意見交換を行い、連携ネットワークをつくる）

❸完成論文例

① 求められるボランティア活動の促進

　現在、子どもや高齢者の見守り活動や防犯活動、まちづくり、スポーツの指導、環境保護から国際協力に至るまで、自治体の様々な分野においてボランティアが活躍している。

　自治体を巡る環境が目まぐるしく変化し、財政状況も厳しい中、行政だけで多様化・複雑化する地域課題の全てに対応していくことは困難になってきており、ボランティアやNPO等がその担い手として期待されている。また、ボランティア活動は、住民の生きがい、社会貢献意識や助け合い意識の醸成にも良い影響を与える面もあることから、自治体として積極的に促進していくことが求められている。

② ボランティア活動を促進していくための方策

　○○市では、これまでもボランティアの育成と活用に取り組んできたところであるが、さらにボランティア活動を促進していくため、次の3点について重点的な取組みを行う必要がある。

　第1に、住民のボランティア意識を高揚させるための事業を充実・強化する。ボランティア活動への参加者を増やすためには、まず、住民にボランティア活動への関心を持ってもらうことが必要である。そこで、ボランティア活動への参加意欲の醸成を図るイベント等を開催する。

　また、ボランティア情報やボランティア活動を行った人の体験談等について、冊子・ホームページ・SNS等、多様な媒体で情報発信する。さらに、優良なボランティア活動を行う人や団体を表彰し、広報誌やホームページ・SNS等で広くPRすることで、ボランティア意識の高揚を図る。

　第2に、ボランティアの育成施策を充実・強化する。ボランティア活動を促進していくためには、ボランティア活動に取り組む人の自主性・自発性を尊重しながら、個人の能力や専門性を伸ばすことが必要であ

る。そこで、それぞれの年齢や経験、能力に応じた多様なボランティア講習を企画・実施し、ボランティアに必要な知識や技術の習得を支援する。

　また、講習受講者の中から今後のボランティア活動のリーダーになりうる人を発掘するとともに、ボランティア活動をコーディネートする能力を持つ団体を育成することで、ボランティア活動への参加や支援を充実していく。さらに、講習を通じた仲間づくりを後押しするとともに、定期的にイベントを開催することにより継続的な活動を支援する。

　第3に、ボランティアを支援する環境の充実を図る。ボランティア活動を促進していくためには、ボランティアを支援する環境整備の充実が必要である。そこで、ボランティアセンターだけでなく、地域の中間支援NPO等によるボランティア希望者と受け入れ側とのマッチングを強化していく。

　また、ボランティアに対する相談支援の充実やNPO法人化への支援、運営支援等を充実させる。さらに、社会福祉協議会、ボランティア支援センター、各ボランティア関係機関、庁内関係機関との情報の共有化、連携強化を図るため、協議会を定期的に開催し、情報共有や意見交換を行うとともに、ボランティア活動を行う住民やNPO等の連携ネットワークをつくり、活動の輪が広がっていくような交流の場をつくり出していく。

③ 豊かな地域社会を住民と共に築いていくために

　現在、ボランティアは、○○市の様々な分野で活躍しており、市政の重要な原動力となっている。住民が、自らの住む地域のことを考え、自らの持てる能力を活かしてボランティア活動に取り組んでいくことは、豊かな地域社会を築いていく上で非常に重要となっている。

　私は、豊かな地域社会を住民と共に築いていくため、○○市の主任として全力で取組みを進めていく覚悟である。

◆ 子ども・若者の例　（資料読取式論文）

1 子どもを産み育てやすい社会の実現

出題文

　　〇〇県では、誰もが安心して子どもを産み育てられる地域社会の構築が求められています。これを実現するためにどのような施策を行うべきか、次の1・2について述べてください。
　1　誰もが安心して子どもを産み育てられる地域社会を実現していく上での課題は何か、資料を分析して課題を抽出し、簡潔に述べてください。なお、資料5点のうち、4点以上に触れてください。（400字以上600字程度）
　2　課題に対して、具体的にどのような取組みを行っていくべきか、その理由とともに述べてください。（1100字以上1300字程度）

資料1　日本における合計特殊出生率の推移

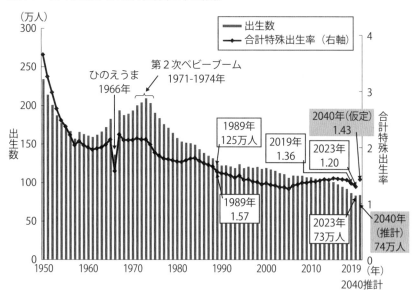

資料2　夫の休日の家事・育児時間別にみた第2子以降の出生状況

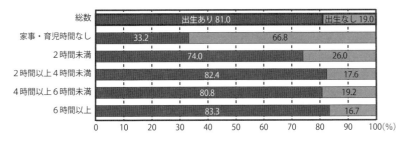

資料3　理想の子ども数を持たない理由

(%)

予定子ども数が理想子ども数を下回る組み合わせ	予定子ども数が理想を下回る夫婦の打ち合わせ	（客体数）	子育てや教育にお金がかかりすぎるから	家が狭いから	自分の仕事（勤めや家業に差し支えるから）	高年齢で生むのはいやだから	健康上の理由から	ほしいけれどもできないから	これ以上、育児の心理的、肉体的負担に耐えられないから	夫の家事・育児への協力が得られないから	夫が望まないから	末子が夫の定年退職までに成人してほしいから	子どものびのび育つ環境ではないから	自分や夫婦の生活を大切にしたいから
			経済的理由			年齢・身体的理由			育児負担	夫に関する理由			その他	
理想1人以上予定0人	4.3%	(37)	17.9	2.6	12.8	23.1	12.8	61.5	7.7	5.1	17.9	5.1	2.6	12.8
理想2人以上予定1人	37.1%	(317)	46.2	6.0	9.2	40.5	18.7	32.0	23.7	10.4	7.0	4.7	3.5	8.5
理想3人以上予定2人以上	58.5%	(500)	59.3	12.0	20.2	41.7	17.0	15.8	23.6	12.6	9.4	8.0	6.2	7.6
総数	100.0%	(854)	52.6	9.4	15.8	40.4	17.4	23.9	23.0	11.5	8.9	6.7	5.0	8.2

資料4　新聞記事「男性の育児休業、未だ課題あり」

　「従業員1,000人を超える企業の令和X年度の男性の育児休業の取得率は46.2％、取得日数の平均は46.5日となっている。取得期間は2週間未満が45％を占め、取得期間が短い実態が明らかとなった。」

資料5　新聞記事「困難を抱える子育て世帯」

　「子ども及びその親へのアンケート調査では、『どこにも居場所がない』と回答した子どもが5.4％、『どこにも相談できる人がいない』と回答した子どもが21.8％となった。この状況から、自治体には子どもの居場所づくりや相談体制の拡充が求められている。また、ひとり親家庭や多子世帯、障がい児のいる世帯等では経済的に困難な状況に置かれることが多く、支援の拡充が求められている。」

　　　　　　※　掲載している資料はこの問題用に作成した架空の数値・記事です。

❶完成論文例

① 課題

　誰もが安心して子どもを産み育てられるような地域社会を築いていくにあたっての課題は、以下の3点である。

　第1に、支援策の拡充である。合計特殊出生率は低下傾向にあり、推計では2040年には1.43まで低下する（資料1）。理想の子ども数を持たない理由として「子育てや教育にお金がかかりすぎるから」「これ以上、育児の心理的、肉体的負担に耐えられないから」と回答した人の割合が高いこと（資料3）、どこにも居場所がないと回答した子どもが一定数いることや困難を抱える世帯への支援が求められていること（資料5）を踏まえた支援策の拡充が必要である。

　第2に、相談体制の充実である。どこにも相談できる人がいないと回答した子どもが21.8％と多く（資料5）、相談体制の充実が必要である。

　第3に、意識啓発の強化である。夫の休日の家事・育児時間が短いほど第2子以降の出生が少ない傾向にあり（資料2）、男性の育児休業取得率は上昇傾向にあるものの取得日数はいまだに短い傾向にあることから（資料4）、さらなる意識啓発が必要である。

② 具体的な取組み

　①で挙げた課題に対して、○○県ではこれまで様々な取組みを進めてきたところであるが、誰もが子どもを産み育てやすい地域社会としていくため、さらに以下3点について推進していく必要がある。

(1)　各種助成・支援策の拡充

　妊娠・出産を希望する県民への不妊検査・不妊治療費の費用助成の拡充、子育て世帯への事情を問わない子どもの一時預かりサービスやシッターサービスの充実等の支援強化、給付金等による経済的支援の充実等を図る。特に、ひとり親世帯や多子世帯、障害児世帯等の困難を抱える世帯への支援メニューの充実や給付の上乗せ等、支援の拡充を図る。

また、支援を必要とする子どもや家庭に対する居場所づくりと食料提供を推進するため、子ども食堂やフードパントリーを設置・運営する団体への助成及び場所の提供等の支援をさらに充実させるとともに、食の支援が必要な家庭へ食事調理を行うヘルパーや栄養士を派遣するアウトリーチ型での食事支援を行う。

⑵　相談体制の充実

　子どもが悩みごとについて相談できる体制をさらに充実させるため、子どもの権利擁護から日頃の悩みごとまでどのような内容でも気軽にWeb上で相談できるSNSやスマートフォンアプリを提供し、広く周知する。

　また、児童虐待等の深刻な内容についてはさらに詳しい相談につなげ、その解決を図ることができるよう、児童心理等の資格を持つ専門相談員が電話や面会等により詳細な相談対応を行う体制を拡充し、周知する。

　さらに、相談内容に応じて各機関へつなぎ、連携しながら子どもの課題を解決できるよう、体制及び情報の流れについて再整理し、定期的に連携会議を開催し、情報共有・連携を促進する。

⑶　意識啓発

　男性の育児休業取得と育児参加、長期間の育児休業取得を促進するため、男性の育児・介護に関する情報誌の発行やホームページ・アプリ等のコンテンツの充実等による情報発信の強化、中小企業の人事担当者向けの男性の育児参加促進に関する研修を充実させる。

　また、ワーク・ライフ・バランスに関する優れた取組みを実施している企業を認定・表彰・広報する制度の充実を図るとともに、長期間の育児休業を取得させた企業に助成金を支給する。

　少子化・労働人口の減少は日本全体で取り組まなければならない重要課題であり、○○県としても住民が不安なく子どもを産み育ていくことができる環境を整備していくことが急務である。私は、上述した子育てしやすい環境の整備に、全力で取り組んでいく決意である。

2 子どもの貧困

出題文

「子どもの貧困問題について論じてください。」

❶外してはいけないポイントはここ！

　子どもが経済的な事情や生活環境のためにその後の人生の可能性を奪われてしまうことは大きな問題であり、その解消に向けて取り組むことが急務となっています。この背景を踏まえた上で、いかに的確な課題と解決策を指摘できるかが評価のポイントになります。

①　子どもの貧困問題は、経済的な事情だけでなく、家庭での生活面も含めた複雑な要因が絡み合って発生しており、それが子どもの学力不足や食生活不全、不登校や問題行動、最悪の場合には子どもの虐待として現れることもあります。このように複雑な構造を持っていることから、どの部分に焦点を当てて課題と解決策を示すかが問題となります。

②　子どもの貧困の重大な問題点は、親の貧困が子どもに引き継がれる、つまり貧困が再生産されるということです。それを絶つためには、親の所得に関わらず教育を受ける機会を設けることが重要となります。また、子どもの貧困を早期に発見し、関係機関が連携して対応することも重要です。もちろん、経済的問題を解消するため、親の就労支援をすることも重要です。これらのポイントを盛り込みましょう。

＜参考となる資料等＞
　公益財団法人荒川区自治総合研究所（2016）『子どもの貧困・社会排除問題研究プロジェクト最終報告書「地域は子どもの貧困・社会排除にどう向かい合うのか―あらかわシステム」』
　※子どもの貧困の調査結果、自治体による対応策等を記載。研究所のホームページから報告書の入手が可能。（http://rilac.or.jp/）

❷ポイントを箇条書きにしてみると？

問題提起	・経済格差の拡大等を背景として、子どもの貧困の問題が発生し、貧困の再生産も発生している。 ・子どもが経済的な事情や生活環境のためにその後の人生の可能性を奪われてしまうことは大きな問題であり、子どもの貧困の解消に向けて取り組むことが急務である。
課　題	①早期の段階で子どもの貧困の兆候を発見し、支援する組織横断的な体制が構築できていない。 ②経済的な困窮を脱するため、親の就労支援や家庭のサポート等を充実させる必要がある。 ③貧困の連鎖を断つために、親の所得に関わらない教育機会の均等の確保が必要である。
解決策	①早期発見、早期支援の体制を構築する。 　　（横断的組織を設置し、ケースの情報共有と対応策の検討を行う。兆候を発見するためのチェックリストを作成して共有する。必要に応じて児童相談所等の関係機関につなげていく） ②親の就労支援及び家庭生活の支援を行う。 　　（ハローワークと連携して就労のあっせんや就労教育を行う。ケースワーカーが生活支援を行うことにより親の養育力を向上させ、生活に余裕を生み出すことで就労につなげる） ③子どもへの教育支援を充実させる。 　　（大学生等のボランティアの協力を募り、貧困世帯の子どもに対する勉強会を開催することで、学力の向上、学習意欲の向上、貧困の再生産の防止を図る）

❹完成論文例

① 子どもの貧困問題の発生

　現在、経済格差の拡大等を背景として、子どもの貧困の問題が発生している。子どもの貧困は、親の就労力の不足や不安定な就労状況等に起因する経済的な事情を主な原因として発生しており、高校や大学に行けないことにより、貧困の再生産が発生している状況もある。

　ただ、子どもの貧困は、家庭の生活面も含めた非常に複雑な要因が絡み合って発生しており、それが子どもの学力不足や食生活不全、不登校や問題行動、最悪の場合には子どもの虐待として現れることもある。

　子どもが経済的な事情や生活環境のためにその後の人生の可能性を奪われてしまうことは大きな問題であり、子どもの貧困の解消に向けて全庁を挙げて取り組んでいくことが急務となっている。

② 子どもの貧困対策における課題

　○○市では、これまでも様々な側面から、子どもの貧困への対応を行ってきたところであるが、さらに次のような対応をしていく必要がある。

　第1に、早期発見、早期支援の体制を強化する必要がある。子どもの貧困に対処するためには、早期の段階で発見し、深刻な状況になる前に支援することが必要である。しかしながら、個々の部署で対応は行っているものの、子どもの貧困という視点で組織横断的に対応を協議するような体制が十分に構築できているとはいえないのが現状である。

　第2に、親の就労支援を強化する必要がある。親の経済的な困窮を脱するためには、親の就労支援が必要である。しかしながら、ひとり親で長時間の労働ができない等、様々な問題を抱える親も多く、このような親に対しての就労支援や家庭のサポート等を充実させる必要がある。

　第3に、子どもへの教育体制を強化する必要がある。家庭の経済困窮により高校や大学等へ進学できず、それにより貧困が連鎖していくとされているが、この連鎖を断つためには、親の所得に関わらない教育機会

の均等の確保が必要である。しかしながら、そのような対応が十分にできているとは言い難い状況である。

３ 子どもの貧困の解消に向けた対応策

　私は、○○市の係長として、これらの課題に対し、特に次の３点について重点的に取組みを進めていく。

　第１に、早期発見、早期支援の体制を構築する。まず、子育て支援、生活保護、教育等の子どもの貧困に関連する部署の職員による横断的組織を設置する。横断的組織では、既存のケースワーク会議を強化し、子どもの貧困という視点から個々のケースの情報共有と対応策の検討を行う。また、子どもの貧困の兆候を早期に発見できるよう、チェックリストを作成して関係者間で共有し、子どもの貧困の未然の発見・対応を図るとともに、必要に応じて児童相談所等の関係機関にもつなげていく。

　第２に、親の就労支援及び家庭生活の支援を行う。ハローワークと連携して就労のあっせんや就労教育を行うとともに、ケースワーカーが生活支援を行うことにより親の養育力を向上させ、生活の余裕を生み出すことにより就労につなげていく。

　第３に、子どもへの教育支援を充実させる。教員や大学生等のボランティアの協力を募り、貧困世帯の子どもに対する勉強会を定期的に開催する。これにより、子どもの学力の向上と学習意欲の向上を図るとともに、世帯の経済状況によって学習の機会が妨げられないようにすることで貧困の再生産を防ぐ。

４ 全ての子どもが希望を持って生きることができる社会を目指して

　子どもの貧困は非常に複雑な要因が絡み合って発生しており、一つの部署だけで対応することは困難であり、関係部署の連携のもと、全庁一丸となって取り組んでいく必要がある。

　私は○○市の係長として、全ての子どもが希望を持って自分の人生を歩んでいくことができるよう、関連部署と連携を密にしながら子どもの貧困問題に取り組んでいく覚悟である。

3 子どもの教育

「次代の地域社会を担う子ども達の教育について、あなたの考えを論じてください。」

❶外してはいけないポイントはここ！

　教育については長年に渡って様々な施策が実施されてきており、真新しいテーマではありません。そのため、オーソドックスな課題と解決策になりがちではありますが、課題と解決策の3点セットを網羅的に示すことができれば問題ありません。

① 　教育の論点としては、魅力ある教師の育成や特色のある教育活動といった教育の質に関するもの、効果的な教育を実施するための学校環境の整備に関するもの、保護者や地域住民等と連携した教育活動の実施といった地域との連携に関するものなどが挙げられます。これらを参考に、課題を3点示しましょう。

② 　最新の動向を一定程度踏まえた解決策が書ければ高評価につながります。各自治体で実施している最新の教育施策について調べておくとよいでしょう。例えば、現在、各自治体で、発達障害のある児童・生徒への支援体制の充実施策が進められています。

　ただし、教育という大きなテーマに対してあまり細かい論点に絞って論じてしまうと低評価となる可能性があります。また、教育という斬新な解決策があまり見当たらないテーマに対して奇をてらった斬新な解決策を書いてしまうと、採点者の理解を得られず減点となる可能性もありますので注意しましょう。

❷ ポイントを箇条書きにしてみると？

問題提起	・子ども達が生きる力を培い、将来の夢や希望を持って主体的に学び、個性や能力を発揮して人間性豊かに成長していくことができるようにする必要がある。 ・地域とも連携した子ども達の教育に取り組んでいく必要がある。
課　　題	①魅力ある教師の育成と特色ある教育活動が必要。 ②効果的な教育を促進するための環境整備が必要。 ③子どもの生きる力を育んでいくためには、学校教育だけでは十分ではなく、地域社会全体で子どもを教育することが必要。
解 決 策	①魅力ある教師の育成と特色ある教育活動を推進する。 　　（専門性を高める研修を実施。研究成果を学校間で共有。学校運営の効率化を図ることで教師の時間を確保。校長の裁量により予算を執行できる事業を充実。特色ある教育事例を各学校で共有） ②効果的な教育を促進するための環境整備を行う。 　　（学校図書館を充実させ、学校司書の配備を充実させる。タブレットやパソコン等による学習コンテンツの充実や「探究学習」の充実を図る。） ③地域に開かれた教育を推進していく。 　　（保護者等の意向を把握し教育施策に反映。公開講座等を実施。学校運営状況を保護者等に情報提供。保護者や地域住民等と子ども達が触れ合う機会を多く設定）

❸完成論文例

1 地域社会における教育の重要性

　現在、社会経済状況の変化は目まぐるしい。このような社会を、次代の地域社会を担う子ども達が生き抜いていくためには、確かな学力、豊かな人間性、健康・体力といった知・徳・体をバランスよく持つことが必要となっている。

　子ども達が、学校や地域社会における様々な学習や経験を通じて生きる力を培い、将来の夢や希望を持って主体的に学び、個性や能力を発揮して人間性豊かに成長していくことができるよう、地域とも連携した子ども達の教育に積極的に取り組んでいく必要がある。

2 地域社会における教育の方策

　○○市では、これまでも様々な教育政策を行ってきたところであるが、さらに推進していくため、私は、次の3点について重点的な取組みを進めていく。

　第1に、魅力ある教師の育成と特色ある教育活動を推進していく。まず、教師の経験年数や職層、教師のニーズ等に応じた研修を充実させるとともに、専門性を高めるための実践的な研修を実施していく。

　また、各学校内で効果的な教育方法等に関する調査研究を積極的に行い、その研究成果を他の学校とも共有することにより教師の教育力の向上を図っていく。同時に、学校運営の見直しを進め、効率化を図ることにより、教師が子どもと向き合う時間や地域と連携するための時間を確保する働き方改革を推進する。さらに、校長の裁量により予算を執行できる事業を充実させるとともに、各学校の特色ある教育事例を学校内で共有し、学び合いを行うことにより、各学校の特色を生かした教育活動を推進していく。

　第2に、効果的な教育を促進するための環境整備を行う。まず、学校図書館を充実させ、学校司書の配備を充実させることにより、子ども達

の学習を支援していく。また、タブレットやパソコン等を活用した学習コンテンツを充実させるとともに、子どもが機器を使用して自ら設定したテーマについて調査し、結果や意見をまとめ報告する「探究学習」の更なる充実を図る。これらの取組みにより、子ども達が主体的に考え、議論し、自分の考えを表現していくことができるような、社会を生き抜いていくためのスキルを身に付けさせていく。

第3に、地域に開かれた教育を推進していく。子どもの生きる力を育んでいくためには、学校教育だけでは十分ではなく、地域社会全体で子どもを教育する、地域に開かれた教育を行っていくことが重要である。そこでまず、懇談会の開催やアンケートの実施等により、保護者や地域住民の意向を把握し、教育施策に的確に反映していく。

また、保護者や地域住民が参加できる授業や行事、公開講座等を実施するとともに、学校運営の状況について保護者等に適宜情報提供していく。さらに、保護者や地域住民等と子ども達が触れ合う機会を多く設けることにより、子ども達の地域に対する興味や関心を高めるとともに、地域住民の教育に関する理解と関心を高めていく。

③ 子ども達が希望を持って生きていける地域社会を目指して

次代の地域社会を担う子ども達が希望を持って、自らの力で社会を生きていくためには、一人ひとりの子どもの可能性を伸ばし、豊かな感性や創造力を育み、社会的に自立するための基礎を築いていく必要があり、○○市に課せられた責務は大きい。

私は、○○市の管理職として、子ども達が希望を持って生きていくことができるよう、全力で取組みを進めていく覚悟である。

4 低投票率と若者の政治・行政への参加

出題文

「低投票率と若者の政治・行政への参加について論じてください。」

❶ 外してはいけないポイントはここ！

　平成27年の公職選挙法の一部を改正する法律の成立により、平成28年6月から選挙権年齢が18歳に引き下げられました。そのため、未来の地域社会を担う若者の政治・行政への参加意識を喚起するとともに、その参加を後押ししていくことは、自治体の重要な責務となっています。選挙権年齢の引下げを好機ととらえ、いかに具体的な取組みを提案できるかが評価のポイントとなります。

① 　若者の政治・行政参加に関する論点として、若者への主権者教育の実施、参加機会の創出、参加を促進するための広報の充実といったものが考えられます。

② 　若者の政治・行政参加の先進事例を調べておくとよいでしょう。例えば、主権者教育については、中学校や高校等の授業では模擬投票や議会で政策を立案・可決する模擬授業等が行われています。これらの事例を解決策として盛り込むとよいでしょう。

＜参考データ＞
　「令和3年10月に行われた第49回衆議院議員総選挙では、10歳代が43.23%、20歳代が36.50%、30歳代が47.13%となっています（全年代を通じた投票率は55.93%）。また、令和4年7月に行われた第26回参議院議員通常選挙では、10歳代が35.42%、20歳代が33.99%、30歳代が44.80%となっています（全年代を通じた投票率は52.05%）。このように、いずれの選挙でも他の年代と比べて、若年層の投票率は低い水準にとどまっていることから、総務省では、特に若年層への選挙啓発や主権者教育に取り組むとともに、関係機関等と緊密な連携を図り、投票率の向上に努めることとしています。」

（※総務省ホームページより引用）

❷ポイントを箇条書きにしてみると？

問題提起	・未来の地域社会を担う若者の政治・行政への参加意識を喚起するとともに、その参加を後押ししていくことは、市の重要な責務である。 ・この選挙権年齢の引下げを好機ととらえ、積極的に取組みを進めていく必要がある。
課　題	①主権者教育が不十分。 ②若者の参加の機会が少ない。 ③若者への情報発信が不十分。
解 決 策	①主権者教育を充実させるため、中学校教育の場で、政策に関する議論、模擬投票等を行う。 ②参加の機会を拡大するため、政策を議論する会議体の設置、審議会・公聴会への「若者枠」の設定、各所管事業におけるワールドカフェの実施等を行う。 ③情報発信を強化するため、リーフレットを作成し、広報誌やホームページ、SNS 等で PR するとともに、青少年団体等を経由して PR する。

❸完成論文例

① 若者の低投票率と政治・行政への参加の必要性

　平成27年6月、公職選挙法の一部を改正する法律が成立し、選挙権年齢が18歳に引き下げられ、平成28年6月から施行された。法律施行直後の選挙においては、若者の投票が一定程度みられたものの、10〜30代の若年層の投票率は依然として他の年代と比べて低い状態のままとなっている。

　未来の地域社会を担う若者の政治・行政への参加意識を喚起するとともに、その参加を後押ししていくことは、住民に最も身近な政府である市の重要な責務であり、選挙権年齢の引下げを好機ととらえ、積極的に取組みを進めていくことが求められている。

② 若者の政治・行政参加の推進に向けた方策

　○○市では、選挙権年齢の引下げに合わせ、若者の政治・行政への参加を促進する施策に取り組んできたところであるが、さらにそれらを推進するため、私は、次の3点について特に重点的な取組みを進めていく。

　第1に、主権者教育を充実させる。若者の参画意識を育成していくためには、早期の段階から主権者教育を実施していくことが重要である。そこでまず、中学校教育の場において、実際の選挙公報等を活用して各政党や立候補者の公約を理解し、投票及び開票を行う模擬投票の授業を行う。

　また、生徒が行政職員と議員の役となり、地域で実際に問題となっていることについて議論し、その解決策を立案し、議会に提案して議決するというプロセスを体験する授業を行う。これらの取組みを行うことにより、早期の段階から政治・行政への参加の意義を伝え、主権者としての意識付けを図っていく。

　第2に、若者の政治・行政への参加の機会を拡大する。投票率の低さ

に見られるように、若者の政治・行政への参加意識は低く留まっているが、その背景には、若者が政治・行政に参加できる機会が少ないということがあると考えられる。そこでまず、若者が、自治体において実際に課題となっている事項に対する解決策等を考える会議体を設置し、様々なテーマについて議論する。議論の内容については、自治体運営の上で積極的に参考にするとともに、提言があった場合には可能な限り採用していく仕組みとすることで、若者の成功体験を生み出し、参画意識を刺激していく。

　また、市の審議会や公聴会の委員に「若者枠」を設け、青少年団体等とも連携して委員を選出したり、公募したりすることにより、若者が行政に対して参加・発言できる機会を設定する。さらに、各所管の事業の中で、ワールドカフェのような若者が参加しやすい方法を活用し、若者の意見を取り入れたり、若者同士が意見交換したりする機会を拡大する。

　第3に、若者の政治・行政への参加を促進するための広報を充実させる。若者の参画が増えない背景には、参加したいと思っても具体的な参加の方法がわからないということがあると考えられる。そこで、若者向けに政治・行政への参加の意義や方法、実際に参加した若者の体験談等をわかりやすく示したリーフレットを作成し、広報誌やホームページ、SNS等でPRするとともに、青少年団体等を経由してPRしていく。

③ 暮らしやすい地域社会を築いていくために

　若者の政治・行政参加を促進することは、地域の未来を担う人材を育成していくことはもちろん、若者の新鮮な考えを地域づくりに取り入れ、暮らしやすい地域社会を築いていくという点でも非常に重要である。

　私は、○○市の管理職として、地域の未来を担う若者が政治・行政に関心を持ち、これからの地域社会について考えていくことができるよう、全力で取組みを進めていく覚悟である。

1 高齢者がいきいきと生活できる地域社会

出題文

「高齢者がいきいきと生活できる地域社会をつくっていくために行政として取り組むべきことについて論じてください。」

❶外してはいけないポイントはここ！

　既に様々な高齢者を対象とした施策が実施されており、新しいテーマとはいえません。オーソドックスな課題と解決策になりがちであるだけに、テーマを網羅的にとらえた課題と解決策をしっかりと示せるかが評価のポイントとなります。

①　高齢者が地域でいきいきと生活していくために必要な要因として、例えば、日々の生活を支える基盤である「経済」、いきいきとした生活の基本である「健康」、豊かで充実した生活に必要不可欠な「社会関係（家族・友人・近隣）」というカテゴリーが考えられます。これらも参考に課題と解決策の3点セットを示しましょう。

　　ただ、「経済」については解決策が書きづらい部分でもありますので、そのようなカテゴリーは採用しないのも一つの手です。

②　オーソドックスなテーマであるため、解決策に具体性を持たせましょう。例えば、「ウォーキングルートを開発し、マップを高齢者に配布する」「気軽にできる健康維持体操を推進する」「栄養バランスのとれたレシピを公開する」といった具体的な手段も書きましょう。

③　ただし、あまり賛同を得にくいような奇をてらった解決策は低評価となる可能性がありますので注意しましょう。

❷ポイントを箇条書きにしてみると？

問題提起	• 日本人の平均寿命は延伸を続けている。 • 高齢者の働き方や生活環境のあり方等をより長期間生きる前提のもとで見直し、高齢者がいきいきと生活していくことができる地域社会を築いていく必要がある。
課　　題	①超高齢社会においては医療費や社会保障費が増大するが、その削減を図るためにも、介護予防を進めていく必要がある。 ②高齢者の孤立を防止するため、住民同士のつながりを強化することが必要となっている。 ③超高齢社会を迎えた今、健康で意欲のある高齢者には、就労や地域活動等を行うことで社会を支える側に立ってもらうことが求められている。
解 決 策	①高齢者の健康維持施策を充実させる。 　　（ウォーキングルートを開発し、マップを配布する。気軽にできる健康維持体操を推進する。栄養バランスのとれたレシピを公開する。食生活の指導を行う） ②地域全体で高齢者を見守る体制を充実させる。 　　（高齢者の見守り活動等を行う団体に活動費を助成する。活動を行う団体による会合を定期的に開催し、情報を共有する。高齢者が参加できるイベント等を企画・実施する） ③高齢者の社会参加を促進する。 　　（先進的な取組みを行う企業を認定、公表する。高齢者に地域活動やボランティアの機会を広く提供する。地域活動に関する講座を開催し、能力に応じた活動をあっせんする）

❸完成論文例

①超高齢社会を迎えた日本

　我が国では、世界に前例のない速さで高齢化が進行し、既に4人に1人が高齢者となり、「超高齢社会」を迎えた。この傾向は今後も加速し、2037年には3人に1人が高齢者になると見込まれている。医療の進歩や健康に関する意識の向上等を背景として、日本人の平均寿命は延伸を続けており、男性でも80歳を超え、女性では80歳代後半となっている。

　これまで高齢者の定義は65歳以上とされてきたが、働き方や社会参加、地域におけるコミュニティや生活環境のあり方、高齢期に向けた備え等を、より長期間生きる前提のもとで見直し、高齢者がいきいきと生活していくことができる地域社会を築いていく必要がある。

②超高齢社会における課題

　○○県では、これまでも様々な高齢者施策を実施してきたところであるが、未だに次のような課題が残されている。

　第1に、健康維持の施策を充実させる必要がある。高齢者が地域でいきいきと生活していくためには健康が維持されている必要がある。また、超高齢社会においては医療費や社会保障費が増大するが、その削減を進めるという観点からも、介護予防を進めていく必要がある。

　第2に、地域のつながりを生み出していく必要がある。近年、地域における人と人とのつながりが希薄化しており、一人暮らし高齢者や高齢者夫婦のみの世帯が増加し、孤立するケースも増えている。高齢者の孤立を防止するためには、住民同士のつながりを強化し、普段の生活の支え合いに発展させていくことが必要となっている。

　第3に、高齢者の社会参加と生きがいづくりを推進する必要がある。高齢者といっても、健康状態や就労意欲、地域貢献意欲等は様々である。超高齢社会を迎えた今、健康で意欲のある高齢者には、就労や地域活動等で社会を支える側に立ってもらうことが求められている。

③ 超高齢社会が抱える課題を解決するための方策

　私は、これらの課題を解決するため、次の3点について重点的な取組みを実施していく。

　第1に、高齢者の健康維持施策を充実させる。まず、高齢者が気軽に実施できるウォーキングを促進するため、ウォーキングルートを開発し、マップを高齢者に配布することで運動を促す。また、転倒予防体操をはじめ、気軽にできる健康維持のための体操を実施するイベントや、体操を指導するリーダーの育成を行い、運動を促していく。さらに、栄養バランスのとれたレシピを公開するとともに、保健所の検診の際等に食生活の指導を行うことにより、高齢者の食生活の改善を促していく。

　第2に、地域全体で高齢者を見守る体制を充実させる。まず、自主的に高齢者への声掛けや戸別訪問等の見守り活動を行う団体に対して活動費を助成する。そして、活動を行う団体による会合を定期的に開催し、見守り活動の情報共有を行うとともに、高齢者が参加できるイベントや気軽に立ち寄れるサロン等を企画・実施することで、高齢者の地域とのつながりを生み出していく。

　第3に、高齢者の社会参加を促進する。まず、定年・継続雇用の延長やシニア層が働きやすい取組みを行う企業を県として認定し、その企業へ様々なメリットを与えるとともに、先進事例として広く公表することによりシニア雇用を促進していく。また、高齢者に対して地域活動やボランティアの機会を広く提供するとともに、地域活動に関する講座を開催し、その能力に応じた地域活動やボランティアをあっせんしていく。

④ 高齢者がいきいきと生活できる地域社会を目指して

　これまで、高齢者は支えられる側としてとらえられてきた面があるが、超高齢社会を迎えた今、健康で意欲のある高齢者の能力を最大限に活かし、支える側に回ってもらうことが必要となっている。それは高齢者の生きがいの増進にもつながっていくものである。

　私は○○市の係長として、高齢者が住み慣れた地域でいきいきと生活できるよう、全力で取り組んでいく覚悟である。

2 これからの地域福祉と行政

出題文

「これからの地域福祉と行政についてあなたの考えを述べてください。」

❶外してはいけないポイントはここ！

「地域福祉」とは、それぞれの地域において人々が安心して暮らせるよう、地域住民や公私の社会福祉関係者がお互いに協力して地域社会の福祉課題の解決に取り組む考え方です。

高齢者や障がい者が住み慣れた地域で安心して生活していくことができる地域社会を築いていくために具体的な提案ができるかが評価のポイントとなります。

① 論点として、地域福祉の向上に向けた行政内部での連携体制の問題、地域コミュニティにおける相互扶助機能の問題、高齢者等の社会参加の問題等が考えられます。これらを参考に、課題と解決策の3点セットを示しましょう。

② 「地域福祉」の考え方が地域住民や社会福祉関係者等との協力により課題解決を目指すというものである以上、行政から住民等への一方向の施策ではなく、相互扶助の視点を解決策の中に盛り込むことが重要です。

③ オーソドックスなテーマであるだけに、解決策については具体的に書きましょう。例えば、「高齢者の社会参加を促進するために、シニア層が働きやすい取組みを行う企業を県として認定するとともに、広報誌やホームページ等で公表する。」といったように、具体的な手法も示すとよいでしょう。

❷ポイントを箇条書きにしてみると？

問題提起	・高齢化に伴い、認知症や寝たきり等の要介護者が増加する一方で核家族化の進行等により地域及び家庭における介護機能が低下しており、福祉ニーズは多様化。 ・高齢者や障がい者が住み慣れた地域で安心して生活していくことができる地域社会を築いていく必要がある。
課　　題	①分野別の施策と対象別の施策とが十分融合されておらず、行政組織の体制が十分構築できていない。 ②地域コミュニティの希薄化により相互扶助機能が弱体化。地域福祉を担う主体が町会等に固定化しがち。 ③意欲のある高齢者には社会を支える側に立ってもらい、生きがいを創出していく必要がある。
解　決　策	①福祉に関連する組織間での連携を強化する。 　（関連部署の役割分担と連携強化。保健師、ヘルパー等でケアを行うチームを結成し、早期発見・支援） ②地域コミュニティの形成を支援し、相互扶助機能を生み出していく。 　（高齢者や障がい者への声掛け運動を推進。防災訓練等への参加を促す。学校教育や生涯学習の中に福祉施設での体験等を盛り込む。各主体の連携をコーディネート） ③高齢者の社会参加を促進する。 　（シニア層が働きやすい取組みを行う企業を県として認定・公表。地域活動やボランティアの機会を広く提供。地域活動に関する講座を開催）

❸ 完成論文例

① 超高齢社会における福祉ニーズの多様化

　我が国では既に4人に1人が高齢者となり、「超高齢社会」を迎えた。高齢化に伴い、認知症や寝たきり等の要介護者が増加する一方で、核家族化の進行や地域コミュニティの希薄化等を背景に、地域及び家庭における介護機能が低下しており、福祉ニーズはますます多様化している。

　このような状況の中、高齢者や障がい者が住み慣れた地域で安心して生活していくことができる地域社会を築いていく必要がある。

② 地域福祉を取り巻く課題

　○○市では、これまでも様々な側面から地域福祉施策を実施してきたところであるが、未だに次のような課題が残されている。

　第1に、地域福祉の向上に向けた行政組織の体制が十分構築できていない。高齢者や障がい者の置かれている状況はそれぞれ異なり、そのニーズは多様化・複雑化している。そこで、状況に応じたきめ細やかな対応をしていく必要があるが、未だに福祉・保健・医療・住宅といった分野別の施策と高齢者・障がい者といった対象別の施策とが十分融合されていない面があり、さらなる連携体制を構築する必要がある。

　第2に、地域コミュニティの相互扶助機能が弱体化している。かつては地域福祉の機能を地域コミュニティが担っていた部分が大きいが、近年の地域コミュニティの希薄化により相互扶助機能が弱体化している。また、地域福祉を担う主体が町会・自治会や民生委員等に固定化しがちであり、住民がともに支え合うような体制が構築できていない。

　第3に、高齢者の社会参加と生きがいづくりを推進する必要がある。高齢者の健康状態や就労意欲、地域貢献意欲等は様々である。超高齢社会を迎えた今、意欲のある高齢者には社会を支える側に立ってもらうとともに、それによる生きがいを創出していくことが求められている。

③ 地域福祉の向上に向けた方策

　私は、これらの課題に対し、次の3点について重点的な取組みを推進していく。

　第1に、福祉に関連する組織間での連携を強化する。福祉サービスを住民の視点からとらえ直し、福祉・保健・医療・住宅といった関連部署の適切な役割分担と連携の強化により、ニーズに合ったサービスを提供していく。また、保健師、ヘルパー、ケースワーカー、医師等で総合的なケアを行うチームを結成し、定期健診、訪問相談等により問題を早期に発見し、連続的に適切な支援につなげていく体制を構築する。

　第2に、地域コミュニティの形成を支援し、相互扶助機能を生み出していく。まず、一人暮らし高齢者や障がい者への声掛け運動を推進し、防災訓練や地域イベント等の機会に高齢者や障がい者の参加を促し、日頃から地域住民と顔の見える関係を築いていく。また、学校教育や生涯学習、ボランティア育成のカリキュラムの中に福祉施設での体験等を盛り込み、地域住民が福祉の担い手として活動していくことを促す。さらに、NPOやボランティア等との連携を深めるため各福祉事業への積極的な参加を求めるとともに、各主体の連携をコーディネートしていく。

　第3に、高齢者の社会参加を促進する。まず、定年・継続雇用の延長やシニア層が働きやすい取組みを行う企業を県として認定し、その企業へ様々なメリットを与えるとともに、先進事例として広く公表することによりシニア雇用を促進していく。また、高齢者に対して地域活動やボランティアの機会を広く提供するとともに、地域活動に関する講座を開催し、その能力に応じた地域活動やボランティアをあっせんしていく。

④ 誰もが安心して生活できる地域社会を目指して

　本格的な超高齢社会を迎え、今後も高齢化の進行が予想される中、住民が安心して生活していくことができる地域社会を築いていくには行政だけの対応では不十分であり、地域全体の連携・協力が必要である。

　私は、○○市の係長として、誰もが安心して生活できる地域社会の実現に向け、全力で取り組んでいく覚悟である。

3 住民の健康づくりと行政の役割

出題文

「住民の健康づくりと行政の役割について論じてください。」

❶外してはいけないポイントはここ！

　健康は人間生活の全ての基本であり、自治体として、住民の健康を増進していく必要があります。自治体の役割を認識した上で具体的な課題と解決策を示せるかが評価のポイントとなります。

①　健康は、基本的には住民個人の問題であり、自治体は住民の健康づくりに間接的にしか関与できません。住民の健康について自治体が果たすべき役割は、病気の予防、健康の維持・増進といったものが中心となります。また、財政状況が厳しさを増す中、医療費の増加もそれに拍車をかけている状況があり、医療費の削減についても進めていく必要があります。

②　自治体から、いかに健康に関する知識や情報を住民に周知するかといった情報発信の視点を盛り込むことも必要です。ただ、例えば、メタボリックシンドロームの予防について、食生活や運動に関する指導を伴走型で実施するといった、住民と自治体とが密接に関わりながら進めていく施策もあります。

③　健康については、世代ごとにその実感や気を付けるべき事項も異なってきます。例えば、若年世代のうちに健康的な生活習慣を身に付けておくことは重要です。働き盛り世代については、不規則な生活習慣が将来的な生活習慣病を招くことがあり、食事や運動等について対策が必要です。高齢者であれば、転倒することが寝たきりの引き金になるといわれており、転倒を予防する体操等の実施が有効です。

　　これらの論点を参考に、課題と解決策の3点セットを示しましょう。

❷ポイントを箇条書きにしてみると？

問題提起	• 急速な医療技術の発達により、人生100年の時代を迎えた一方で、生活習慣病が増えている。 • 健康は人間生活の全ての基本であり、自治体として、住民の健康を増進していく必要がある。また、医療費の削減も進めていく必要がある。
課　題	①病気を未然に防止するための施策をさらに充実させる必要がある。 ②健康の実感も、実施すべき対策も、世代によって異なってくるが、世代に合わせた適切な健康施策が十分実施できていない。 ③自然に健康になれる環境づくりや住民のヘルスリテラシー向上が必要である。
解 決 策	①予防施策を充実させる。 　（栄養バランスのとれたレシピを公開。ウォーキングルートの開発及びウォーキングマップの作成・広報、イベント開催。住民の健康づくりの体験談を収集し、冊子やホームページで公表） ②世代ごとの生活習慣病予防のプログラムを実施する。 　（働き盛り世代に食生活や運動に関する伴走型の指導プログラムを提供。若年者に健康的な生活の基本を学習する機会を設ける。高齢者に食生活の指導を行うとともに、日常生活で気軽にできる運動プログラム等を提供） ③健康を維持・増進する社会環境の質の向上を推進する。 　（健康アプリやボランティアポイント制度の導入によるきっかけづくり、公園や施設への健康増進器具の設置の充実、ヘルスリテラシー向上のための健康情報の提供強化）

❸完成論文例

①住民の健康増進の必要性

　現在、日本では、急速な医療技術の発達により、人生100年の時代を迎えた。一方で、生活習慣病からくるがんや心疾患等による死亡が増えており、メタボリックシンドロームの予備軍も増加している状況にある。

　健康は人間生活の全ての基本であり、自治体として、住民の健康を増進していく必要がある。また、少子高齢化により財政状況が厳しさを増す中、医療費の増加もそれに拍車をかけている状況があり、医療費の削減についても進めていく必要がある。

②住民の健康増進施策を進めていくにあたっての課題

　○○市では、これまでも様々な健康施策を推進してきたところであるが、なお、次の課題が残っている。

　第1に、病気を未然に防止するための施策をさらに充実させる必要がある。自治体として推進していくべきことは、住民が病気にならないように健康を増進する、つまり、予防を進めていくことである。しかしながら、予防に関する施策が十分とは言えないのが現状である。

　第2に、世代ごとの健康増進施策を行っていく必要がある。健康の実感も、実施すべき対策も、世代によって異なってくる。例えば、若年者と高齢者ではその対策が全く異なる。しかしながら、世代に合わせた適切な施策が十分実施できているとは言い難い状況である。

　第3に、健康を維持・増進する社会環境の質の向上が必要である。健康づくりの必要性がわかっていても実行と継続は難しく、行動を後押しする社会環境の整備が必要である。また、住民が健康に関する正しい情報を入手し、理解して活用するヘルスリテラシーの向上が必要である。

③住民の健康増進に向けた方策

　第1に、予防施策を充実させる。生活習慣病の予防には、「食」「睡

眠」「運動」の３つのバランスを確保することが重要である。そこで、栄養バランスのとれたレシピを公開することにより、住民の食生活の改善を図る。また、手軽に始めることができ、健康づくりに有効とされるウォーキングを推進するため、ウォーキングルートの開発及びウォーキングマップの作成を行い、広く広報するとともに、ウォーキングイベントを開催する。さらに、住民が主体的に健康増進に向けて行動するきっかけをつくるため、住民自身による健康づくりの体験談を収集し、冊子やホームページ等で公表するとともに、住民へ伝える場を設定する。これらの取組みを進めることにより、健康寿命の増進を図る。

第２に、世代ごとの生活習慣病予防のプログラムを実施する。特に生活習慣病予備軍である30〜40代の働き盛り世代には、家族で参加できるウォーキングイベントを実施したり、メタボリックシンドロームの予防のため、食生活や運動に関する指導を伴走型で実施するプログラムを提供したりする。若年者には、学校教育の中で健康的な生活の基本を学習する機会を設ける。高齢者には、食生活の指導を行うとともに、日常生活で気軽にできる運動プログラム等を提供し、参加を促す。

第３に、健康を維持・増進する社会環境の質の向上を推進する。まず、運動をはじめとする健康の維持・増進に有効な活動をした際にポイントを付与し商店街等の買い物に使用できる健康アプリや、ボランティアをした際にポイントを付与する制度の導入によるきっかけづくりを進める。また、公園や施設への健康増進器具の設置の充実、ヘルスリテラシーの向上のための健康情報の提供の強化を図る。

④ 誰もが健康に生活できる社会を目指して

健康は豊かな生活を送る上で基本となるものであり、住民自身の意識と実践により得られるものである。自治体として、住民の意識を喚起し、健康的な生活習慣の実践へとつなげていくことが重要である。

私は、○○市の係長として、誰もが健康に生活していくことのできる地域社会の実現に向け、全力で取組みを進めていく覚悟である。

1 中小企業の活性化

出題文

「県内の中小企業は、県の経済活動を支える基盤として重要な役割を果たしています。県内の経済の活性化を図り、持続的な発展を築いていくために県として取り組むべき中小企業に対する支援策について、あなたの考えを論じてください。」

❶外してはいけないポイントはここ！

中小企業を取り巻く環境は厳しく、その数は減少傾向にあります。地域経済の活性化を図っていくため、いかに具体的な中小企業の活性化策を示せるかが評価のポイントになります。

① 論点として、国、都道府県、市町村の間で、縦割りで中小企業支援策が行われていることや各支援機関の連携が不十分であるといった行政等の機関の連携問題、また、企業・大学・研究機関・金融機関等が連携して産業クラスターを形成するといった地域全体での産業連携の問題、さらに、新規の創業者への支援や既存事業者への支援といった事業者に関する問題等が考えられます。これらを参考に、可能な限りテーマを網羅的にとらえた課題と解決策の3点セットを示しましょう。

② 一般的なテーマであるだけに、解決策については具体的に書きましょう。例えば、「創業支援施策を充実・強化するため、中小企業診断士等の専門家による継続的な伴走型のサポートを行っていく。また、県内の支援機関に寄せられる相談の中から、成長が期待される企業を発掘し、各機関の連携のもと、重点的な育成・支援を行う。」といったように、具体的な手法も示すとよいでしょう。

❷ポイントを箇条書きにしてみると？

問題提起	• 急速な人口減少により将来的な生産力の低下と市場の縮小は避けられない状況にあり、中小企業の役割が重要であるが、中小企業数は減少傾向。 • 中小企業への支援を強化することにより、地域経済の活性化を図っていく必要がある。
課　　題	①国、都道府県、市町村において中小企業支援策が個々に行われており、中小企業にとって施策がわかりにくく、適切な支援に結び付いていない可能性がある。 ②効果的な中小企業の支援を行うためには、各支援機関の密接な連携が必要不可欠であるが、連携が不十分。 ③地域社会で活躍する人材を育成し、産業の新陳代謝を促進していく必要があり、地域に根差した創業者を増やしていくことが求められている。
解 決 策	①国、県、市町村の中小企業支援策の棲み分けを行い、各機関が連携した支援体制を構築する。 　（国、県、市町村との間で密接に連携し、中小企業支援策を一つのパッケージとして中小企業に提示し、活用を促していく） ②県内の中小企業支援機関等のネットワーク化を強化する。 　（各支援機関の相談窓口の連携を図る。各機関が提供している支援策を中小企業がワンストップで閲覧できるようにする。企業、大学、金融機関等が産業クラスターを形成できるようコーディネートする） ③創業支援施策を充実・強化する。 　（創業支援講座の開催やコワーキングスペース等の場所の提供。中小企業診断士等の専門家による継続的な伴走型のサポート。成長が期待される企業への重点的な育成・支援を行う）

❸完成論文例

①中小企業支援の必要性

　我が国では、急速な人口減少が進展しており、将来的な生産力の低下と市場の縮小は避けられない状況にある。このような中、地域の活力を維持していくためには、地域経済の重要な担い手である中小企業の役割が重要となっている。

　しかしながら、○○県においても、中小企業を取り巻く環境は依然として厳しく、中小企業の数は減少傾向にある。

　地方分権が進展する中、自治体の中小企業振興に果たす役割はますます高まっており、○○県として、中小企業の支援を強化することにより、地域経済の活性化を図っていく必要に迫られている。

②中小企業支援に関する課題

　○○県では、これまでも様々な中小企業支援策を実施してきたところであるが、未だに次のような課題がある。

　第1に、国、県、市町村の連携が十分に行えていないことである。現在、国、県、市町村はそれぞれ中小企業支援策を実施しているが、連携が十分に図られないまま各施策が個々に行われており、中小企業にとって施策がわかりにくく適切な支援に結び付いていない可能性がある。

　第2に、県内の各機関の連携が不十分ということである。効果的な中小企業の支援を行うためには、県内の各支援機関の密接な連携が必要不可欠である。しかしながら、そのような連携が十分に図れているとは言い難いのが現状である。

　第3に、地域における創業を一層促進していく必要がある。地域経済を活性化させるためには、地域社会で活躍する人材を育成し、民間の活力を高め、産業の新陳代謝を促進していく必要がある。そこで、中長期的に創業支援体制の構築に取り組み、地域に根差した創業者を増やしていくことが求められている。

③ 中小企業活性化のための方策

　私は、これらの課題に対し、次の３点について重点的な取組みを推進していく。

　第１に、国、県、市町村の中小企業支援策の棲み分けを行い、各機関が連携した支援体制を構築する。中小企業が国の大規模な補助金制度を当初から活用するのはハードルが高い。そのため、中小企業の経営体力に応じて、市町村から県、県から国へと、数年間かけてより大きな規模の支援を受けられるよう、国、県、市町村との間で密接に連携し、一つのパッケージとして中小企業に提示し、活用を促していく。

　第２に、県内の中小企業支援機関等のネットワーク化を強化する。まず、技術、経営、金融、雇用等の各側面から中小企業の支援を行っている関連団体の連携ネットワークにおいて、相談窓口の連携を図ることにより、県内企業に対するワンストップでの支援体制を構築する。また、県内企業に対する支援情報等を専用ホームページに掲載し、各機関が提供している支援策を中小企業がワンストップで閲覧できるようにする。さらに、企業、大学、研究機関、金融機関等が連携した産業クラスターを形成できるようコーディネートを行う。

　第３に、創業支援施策を充実・強化する。まず、起業家に対し、創業支援に関する講座の開催やコワーキングスペース等の場所の提供を行うとともに、中小企業診断士等の専門家による継続的な伴走型のサポートを行っていく。また、県内の支援機関に寄せられる相談の中から、成長が期待される企業を発掘し、各機関の連携のもと、重点的な育成・支援を行うことにより、企業の成長を加速させる。

④ 持続可能な活力ある地域社会を目指して

　県内の企業の大部分を占める中小企業は、県の地域経済の活性化を担う重要な存在であり、中小企業の振興なくして地域の発展はない。

　私は、○○県の管理職として、○○県が持続的に発展し、活力を維持していくことができるよう、関係各機関の連携を強化しながら、中小企業の振興に全力で取り組んでいく覚悟である。

2 インバウンド政策

出題文

「〇〇県におけるインバウンド政策について論じてください。」

❶外してはいけないポイントはココ！

　我が国へのインバウンド（訪日外国人）は2010年代中盤から急増しており、新型コロナウイルス感染症の感染拡大時には低迷したものの、その後は回復し、今後も増加していくと考えられます。

　インバウンドの増加は地域経済の活性化や雇用の改善・創出につながるため、インバウンド政策が自治体の重要課題となっていることを踏まえ、具体的な課題と解決策を示せるかが評価のポイントになります。

① 　インバウンドを増やしていくためのポイントとして、無料 Wi-Fi 環境の提供、観光情報 Web サイトやアプリ等の多言語対応、観光地や店舗等におけるキャッシュレス決済の促進といった基盤整備に関するもの、外国人観光客が興味を持つような資源の発掘・創出や体験型観光の開発といった観光コンテンツに関するもの、観光コンテンツをいかに効果的に世界へ発信していくかといったプロモーションに関するもの等が考えられます。これらを参考に、課題と解決策の３点セットを示しましょう。

② 　人口減少に伴う労働力不足により、今後、観光業界は厳しい状況に置かれることが予想され、インバウンドにより増加した収益で従業員の労働環境を改善し、労働力不足を解消する視点も考えられます。

　また、特定の観光地における訪問客の著しい増加等が地域住民の生活や自然環境、景観等に負の影響をもたらす「オーバーツーリズム」も課題となっており、持続可能な観光地を実現していく視点を取り入れること等も考えられます。

❷ポイントを箇条書きにしてみると？

問題提起	・インバウンドは2010年代中盤から急増している。 ・インバウンドを増やしていくことで地域経済の活性化・雇用創出につなげていくインバウンド政策は重要課題となっており、その充実・強化が求められている。
課　題	①観光地域の基礎的なインフラや Web サイト・アプリ等による観光案内等の基盤整備のさらなる推進が必要。 ②旅行の長期滞在化・高付加価値化による旅行消費額単価を向上させるため、観光コンテンツの創出が必要。 ③データ分析によりターゲットごとに効果的な PR をしていく等、戦略的なプロモーションの充実・強化が必要。
解決策	①観光地域づくりのための基盤整備を推進していく。 　（無料 Wi-Fi 等の基礎的なインフラの充実。Web サイトや観光アプリ、AI チャットボットによる多言語案内の充実、キャッシュレス決済の促進支援。行政の積極投資によるホテル等民間インフラ整備への投資呼び込み） ②国内外に選ばれる魅力あるコンテンツを創出していく。 　（各観光地を代表するコンテンツを創出し、複数の観光地の周遊につなげる。食や物産、自然、伝統文化、体験型プログラム等、多種多様なコンテンツを創出し、組み合わせて提供） ③戦略的なプロモーションを推進していく。 　（データ分析によるターゲットとそれに応じた対応の検討・実施。インフルエンサーの口コミでの拡散による認知度向上と誘客促進。県域の枠を超えた観光コンテンツの連携や市町村との連携強化によるプロモーション推進）

❸完成論文例

1 自治体におけるインバウンド政策の重要性

　我が国へのインバウンド（訪日外国人旅行）は、2010年代中盤から急増し、新型コロナウイルス感染症の感染拡大時には低迷したものの、その後は順調に回復している。

　インバウンドを増やし、さらにリピーターを増やしていくことにより地域経済の活性化につなげていくインバウンド政策は、○○県にとって重要課題となっており、その充実・強化が求められている。

2 インバウンド政策を推進していくにあたっての課題

　○○県は、これまでもインバウンド政策を進めてきたところであるが、今後、さらに推進していくためには、次の課題がある。

　第1に、観光地域の基盤整備をさらに推進する必要がある。インバウンドを増やしていくためには、観光地域において Wi-Fi 等の基礎的なインフラや Web サイト・アプリ等による観光案内等の基盤整備が重要であり、さらなる基盤の充実・強化が必要である。

　第2に、魅力的な観光コンテンツの創出をさらに推進する必要がある。インバウンドによる地域経済の活性化を実現するためには、旅行の長期滞在化・高付加価値化による旅行消費額単価を向上させる必要があるが、そのためには魅力的な観光コンテンツをさらに創出し、それらを組み合わせて提供していく必要がある。

　第3に、プロモーションの充実・強化を図る必要がある。インバウンドを増やしていくためには、これまでのインバウンドに関するデータ分析をした上で、ターゲットごとに効果的な PR をしていく等、戦略的なプロモーションを実施していく必要がある。

3 インバウンド拡大に向けた具体的な方策

　私は、○○県の管理職として、これらの課題に対し、特に次の3点に

ついて重点的に取り組んでいく。

　第1に、観光地域づくりのための基盤整備を推進していく。まず、観光地における無料 Wi-Fi 等の基礎的なインフラをさらに充実させる。また、観光 Web サイトや観光アプリ、AI チャットボットによる多言語案内の充実、キャッシュレス決済の促進支援等を図っていくことで、観光客の利便性の向上を図る。さらに、行政が積極的に観光地域に投資していくことで民間によるインフラ整備の投資を呼び込む好循環をつくり、ホテルやレストランをはじめとする民間観光施設の充実を図っていく。

　第2に、国内外から観光地として選ばれる魅力あるコンテンツを創出していく。長期滞在化を推進するため、各観光地を代表するコンテンツを創出し、複数の観光地の周遊につなげていく。また、食や物産、自然、伝統文化、体験型プログラム等、多種多様なコンテンツを創出し、それらを組み合わせて提供することにより高付加価値化を図り、旅行消費額単価の向上を図っていく。

　第3に、戦略的なプロモーションを推進していく。まず、インバウンド関連データからターゲットとする国やそれに応じた対応を検討する等、戦略的なプロモーションを実施していく。また、外国人のインフルエンサーの協力を得て、PR 動画のシェアをしてもらう、観光地にインフルエンサーを招聘し、SNS でその魅力を PR してもらう等、口コミによる拡散を図ることにより、観光地の認知度向上と誘客促進を図っていく。さらに、県域の枠を超えた連携や市町村との連携の強化によるプロモーションを推進していく。

④地域経済の活性化に向けて

　インバウンド政策をこれまでにも増して推進することにより地域経済の活性化を図っていくことは、○○県にとって喫緊の課題である。

　私は、○○県の管理職として、上記に掲げたインバウンド政策に全力で取り組んでいく覚悟である。

❸ シティプロモーション

出題文

「都市の魅力を内外にアピールし地域の活性化を実現させるシティプロ
モーションについて論じてください。」

❶外してはいけないポイントはここ！

　自治体間競争が加速する中、地域の活力を維持・増進し、持続的な発
展を可能とするための手段として、地域のイメージを高め、知名度を向
上させるシティプロモーションが注目されています。シティプロモー
ションの意義や手法を十分理解した上で課題と解決策を示せるかが評価
のポイントとなります。

① 　まず、シティプロモーションと従来のいわゆる「広報」との違いを
　十分理解しておくことが重要です。シティプロモーションとは、「都
　市を宣伝する、売り込む」ことであり、企業が商品を販売するのと同
　様に、ターゲットを設定し、適切な情報発信によって売り込んでいく
　ものです。一方の「広報」の目的は、行政情報の正確な発信であり、
　シティプロモーションとは情報を発信するという点では類似している
　ものの、異なるものです。

② 　シティプロモーションには、地域再生、観光振興、住民協働といっ
　た様々な概念が含まれています。地域の売り込みによる自治体のイ
　メージや知名度の向上、それらによる経営資源の獲得、地域への愛着
　の向上といったとらえ方が一般的ですが、多方面に広がるテーマであ
　るため、課題と解決策の焦点をどこに当てるかがポイントになります。

＜参考になる資料等＞
　各自治体のシティプロモーションの計画は、各自治体のホームページ等に掲載
されていますので参考にしてください。

❷ポイントを箇条書きにしてみると？

問題提起	・都市間競争を勝ち抜き、持続的な発展をしていくためには、定住人口の獲得や観光客の増加、企業の誘致等を行う必要がある。 ・地域のイメージを高め知名度を向上させるシティプロモーションに取り組んでいく必要がある。
課　　題	①地域が一体となったシティプロモーションが効果的に行えていない。 ②「○○市らしさ」といった都市イメージの構築が十分にできていない。 ③市の魅力の発信、双方向でのコミュニケーションによる理解促進が十分に行えていない。
解 決 策	①全庁的な推進体制を構築するとともに、住民参加を促進する仕組みづくりを行う。 　（関連部署による横断的な会議体を設置。住民やまちづくり団体等による委員会を設置し、目指すべき都市イメージを共有し、住民と行政の役割を明確化） ②○○市らしさを強調した都市イメージの構築を行う。 　（公募住民によるワールドカフェを行い、市の魅力を発掘。歴史的遺産やグルメ等の地域資源を結び付け、ブランドイメージを構築。市の魅力を表したキャッチフレーズやロゴマーク等を作成） ③戦略的な情報発信とコミュニケーションを積極的に展開する。 　（発信するテーマに応じて複数のメディアを組み合わせた発信を行う。複数のマスメディアに対して市の地域資源を積極的に PR）

❸完成論文例

1 シティプロモーションの必要性

　本格的な少子高齢・人口減少社会に突入した我が国では、地方分権の推進を背景として、自治体間競争がこれまでにも増して加速化している。このような状況の中で、地域の活力を維持・増進し、持続的な発展を可能とするためには、定住人口の獲得や観光客の増加、企業の誘致等を行う必要があり、その手段として、地域のイメージを高め、知名度を向上させるシティプロモーションが注目されている。

　今後の厳しい自治体間競争を勝ち抜いていくため、多くの人々に、「住みたい」「訪れたい」と思ってもらえるよう、○○市として、都市の魅力を高め、PR していく必要がある。

2 シティプロモーションを推進するにあたっての課題

　シティプロモーションを推進していくにあたり、次の課題がある。

　第1に、地域が一体となったシティプロモーションが行えていない。シティプロモーションを効果的に行うためには、広報を行う部署だけでは困難である。また、行政だけでなく、地域の魅力をよく知っている住民の参加を得ることが重要である。しかしながら、地域が一体となったシティプロモーションが効果的に実施できていないのが現状である。

　第2に、都市イメージの構築が十分にできていない。地域イメージの向上を図るためには、都市の魅力を高める上での「強み」をさらに強化していくとともに、「弱み」を改善し、「○○市らしさ」を確立していくことが重要である。しかしながら、そのような都市イメージの構築が十分とはいえない。

　第3に、市の魅力の発信、双方向でのコミュニケーションによる理解促進が十分に行えていない。「住みたい」「訪れたい」と思ってもらうためには、まちの魅力を発信するとともに、双方向でのコミュニケーションを図り、理解を得ていくことが重要である。しかしながら、そのよう

な対応が十分に行えていない。

③ シティプロモーションを効果的に推進するための方策

　私は、以上の課題に対し、次の3点について重点的な取組みを行う。

　第1に、全庁的な推進体制を構築するとともに、住民参加を促進する仕組みづくりを行う。まず、シティプロモーションに関連する部署による横断的な会議体を設置し、全庁的な取組体制を構築する。また、住民やまちづくり団体、行政が一堂に会し、シティプロモーションについて議論する委員会を設置し、目指すべき都市イメージを共有するとともに、住民と行政の役割を明確化し、取組みを行う。

　第2に、○○市らしさを強調した都市イメージの構築を行う。まず、公募住民によるワールドカフェを行い、市の魅力を発掘する。そして、前述した委員会で議論する中で、地域における歴史的遺産や自然資源、特産品、グルメ等の地域資源を結び付け、ブランドイメージを構築する。市の魅力を端的に表したキャッチフレーズやロゴマーク等を作成し、住民の求心力を高めて、外部へのアピールにつなげる。

　第3に、戦略的な情報発信を積極的に展開する。まず、発信するテーマに応じて、広報誌、ホームページ、SNS、広告、デジタルサイネージ、メディアタイアップ等、複数のメディアを組み合わせた発信を行う。また、新聞、テレビ、ラジオ、雑誌等、複数のマスメディアに対して市の地域資源を積極的にPRしていく。

④ 選ばれる自治体となるために

　○○市に「住みたい」「住み続けたい」「行ってみたい」と思われるような都市の魅力の発掘と開発、PRを展開していくことにより、住民の地域への愛着、誇りの向上、地域コミュニティの活性化、地域経済の活性化等につなげていくことは、今後の自治体間競争を勝ち抜いていく上で非常に重要である。

　私は、○○市が今後の自治体間競争を勝ち抜き、選ばれる自治体となることができるよう、全力で取り組んでいく覚悟である。

1 地域コミュニティの活性化

出題文

「自治会への加入率が低下している現状を踏まえ、地域コミュニティの活性化について論じてください。」

❶外してはいけないポイントはここ！

　少子高齢化や人口減少の進展による地域の担い手の不足、人と人とのつながりの希薄化等に伴い、町内会や自治会の加入率も低下傾向にあります。これらの背景を踏まえた上で、地域コミュニティの活性化の具体的な課題と解決策を示せるかが評価のポイントとなります。

① 　このテーマの論点として、多様な人々が地域コミュニティに参加できる仕組みが構築できていないといった仕組みの問題、地域コミュニティを担うリーダーが不足しているといった人材の問題、地域コミュニティの活性化に関連する庁内組織の連携が不足しているといった組織体制の問題などが考えられます。これらを参考に課題と解決策の3点セットを示しましょう。

② 　一般的なテーマであり、先進的な事例というのもそれほど多くありませんが、可能な限り具体的な解決策を書きましょう。例えば、「多様な属性の人材が参加し、能力や個性を発揮できるような仕組みを構築するため、大学等と連携してフィールドワークを行う。専門的ノウハウを持つ地域コミュニティ支援員を各コミュニティに配置し、支援する。」といったように書きましょう。

❷ポイントを箇条書きにしてみると？

問題提起	・少子高齢化や人口減少の進展から、地域の担い手の不足、相互扶助や人と人とのつながりの希薄化等が起きている。 ・持続可能で活力のある地域社会を築いていくため、地域コミュニティの活性化が必要不可欠。
課　　題	①多様な人々が地域コミュニティに参加できる仕組みが構築できていない。 ②地域コミュニティを担うリーダーが不足している。 ③地域コミュニティの活性化に関連する庁内組織の連携が不十分。
解 決 策	①多様な属性の人材が参加し、能力や個性を発揮できるような仕組みを構築する。 　（大学等と連携してフィールドワークを行う。専門的ノウハウを持つ地域コミュニティ支援員を各コミュニティに配置・支援） ②地域コミュニティのリーダーの発掘と育成、地域活動への理解者・協力者の増加を図る。 　（地域リーダー養成講習会、専門分野ごとの講習会を開催。地域活動に気軽に参加する地域サポーターを募集） ③全庁横断的なプロジェクトチームを結成する。 　（地域コミュニティの活性化に関係する部局が目的意識を共有し、事業を連携させながら対応）

❸ 完成論文例

① 地域コミュニティ活性化の必要性

　これまで、地域における冠婚葬祭、自然環境の保全、伝統文化の継承、草刈りや雪かき等の役割を地域コミュニティが担ってきた。しかしながら、少子高齢化や人口減少の進展から、地域の担い手の不足、相互扶助や人と人とのつながりの希薄化等が起き、地域コミュニティの中核を担う町内会・自治会の加入率も低下傾向にあり、これまで行われてきた共同作業や伝統文化の継承が困難になりつつあるのが現状である。

　持続可能で活力のある地域社会を築いていくため、今、地域コミュニティの活性化が必要不可欠となっている。

② 地域コミュニティ活性化にあたっての課題

　○○市では、これまでも様々な地域コミュニティ活性化施策を実施してきたところであるが、未だに次のような課題が残されている。

　第1に、多様な人々が地域コミュニティに参加できる仕組みが構築できていないということである。現在、町会・自治会等のコミュニティに参加する人の高齢化、固定化が見られる。子どもから大人、高齢者まで、多様な人々が参加できる地域コミュニティをつくっていくことが必要であるが、そのような仕組みが構築できていないのが現状である。

　第2に、地域コミュニティを担うリーダーが少ないということである。地域コミュニティを活性化するためには、コミュニティに存在する人々をまとめ、引っ張っていくリーダーが必要である。しかしながら、そのようなリーダーが少ない状況にある。

　第3に、地域コミュニティの活性化に関連する庁内組織の連携が不十分ということである。地域コミュニティの活性化に関連する部署は庁内に複数存在しているが、各部署が地域コミュニティの活性化という目的を共有し、連携して取り組むことができていない。

③ 地域コミュニティ活性化の方策

　私は、これらの課題に対し、次の３点について重点的な取組みを進めていく。

　第１に、就業者、若年者、女性等、多様な属性の人材が参加し、能力や個性を発揮できるような仕組みを構築する。まず、地域の大学や専門学校と連携して、学生と地域住民、企業、NPO等が連携して地域の魅力の発見や商店街の振興、防災といったテーマでフィールドワークを行い、地域づくりを行っていくことで、多様な属性の人や団体のつながりを生み出すとともに、地域コミュニティへの参加を促進していく。また、コミュニティについて専門的なノウハウを持つ地域コミュニティ支援員を各コミュニティに配置し、支援を行っていく。

　第２に、地域コミュニティのリーダーの発掘と育成、地域活動への理解者・協力者の増加を図る。まず、地域リーダー養成講習会を開催し、各コミュニティを連携させてイベントを成功させる手法をはじめ、様々な地域コミュニティ活性化のノウハウを学ぶ機会を設ける。また、商店街活性化、観光振興等、専門分野ごとの講習会を開催し、専門的なリーダーを育成していく。さらに、ボランティア活動等、地域活動に気軽に参加する地域サポーターを募集し、人材の裾野を広げていく。

　第３に、全庁横断的なプロジェクトチームを結成する。商店街の活性化、生涯学習、防災等、地域コミュニティの活性化に関係する部局が、コミュニティの活性化という目的意識を共有し、その視点から複数の事業を連携させながら対応をしていく。

④ 人と人とのつながりのあるあたたかい地域社会を目指して

　地域の主役はそこに住む地域住民であり、地域コミュニティを活性化するためには、地域住民自らが地域に関心を向け、主体的に地域課題を発見し、解決に取り組んでいくことが必要である。そのために、行政は、地域力を高めていくための支援を推進していく必要がある。

　私は、○○市の係長として、地域コミュニティの活性化の実現に向け、全力で取組みを進めていく覚悟である。

❷ 多文化共生のまちづくり

出題文

「多文化共生のまちづくりについて論じてください。」

❶外してはいけないポイントはここ！

　グローバル化の進展により我が国の外国人数は増加傾向にありますが、全ての人が互いの文化や生活習慣の違いを理解し、地域社会において共生していく、多文化共生の地域づくりが必要とされています。人口減少が進む中、外国人を含めた全ての人がその能力を最大限に発揮できるような社会をつくっていく必要があることを踏まえた上で、具体的な課題と解決策を示せるかが評価のポイントとなります。

① 　多文化共生については、多様な論点が考えられます。例えば、言語の習得をはじめとするコミュニケーションの支援、文化の相互理解のための交流、外国人が自立して生活していくための就労支援、地域の日本人及び外国人に対する多文化理解の意識啓発等が考えられます。

　　また、子ども、若者、大人といった年代別にどのような対応をするかという切り口も考えられます。これらを参考に、可能な限りテーマを網羅的にとらえた課題と解決策の3点セットを示しましょう。

② 　例えば、「外国人住民の希望者を地域の企業や団体に派遣し、職業体験を行うプログラムを実施する。」といった具体的な解決策を示しましょう。

＜参考になる資料等＞

　一般財団法人自治体国際化協会のホームページに、多文化共生事業の事例集等が掲載されています。課題と解決策を考える際の参考としてください。（http://www.clair.or.jp/）

❷ポイントを箇条書きにしてみると？

問題提起	・今後も外国人数の増加が予想される中、誰もが暮らしやすい多文化共生の地域づくりが必要。 ・地域社会の活力を維持していくため、外国人を含めた全ての人が能力を最大限に発揮できるような社会をつくっていく必要がある。
課　題	①外国人がコミュニケーション能力を習得するための支援を強化する必要がある。 ②外国人住民が地域社会の一員として仕事や地域活動の中で活躍できるよう、社会参加を促進する必要がある。 ③住民の間に多文化を理解しようとする意識が十分に醸成されていない。
解 決 策	①外国人に対する多様な日本語教育の機会を設ける。 　（日本語教室を開催。NPO等と連携し、通訳ボランティアの育成と活用を行う。多様な言語・メディアによる行政・生活情報の提供、表現の工夫を行う） ②外国人の自立と社会参加を促す施策を充実・強化する。 　（外国人の希望者を地域の企業や団体に派遣し、職業体験を行うプログラムを実施。ハローワークとも連携して外国人の就労支援を強化） ③多様な文化に触れる機会の創出を強化する。 　（テーマごとに外国人住民へのオリエンテーションを実施すると同時に、日本人住民と交流する機会を設ける。若者による交流会を開催し、多文化共生をテーマに意見交換するなどにより意識の醸成を図るとともに、多文化共生を担うリーダーを育成）

❸ 完成論文例

1 多文化共生の重要性

　現在、グローバル化の進展により、○○市の外国人数も増加傾向にある。このような中、地域においては、文化や生活習慣の違い等から、時として外国人と日本人との間でトラブルが発生するケースや、行政の仕組みや地域に関する知識不足等から外国人が行政サービスを適切に受けられないケースも見られる。

　今後も外国人数の増加が予想される中、全ての人が互いの文化や生活習慣の違いを理解し、地域社会において共生していく、多文化共生の地域づくりが必要とされている。また、人口減少が進む中、地域社会の活力を維持していくためには、外国人を含めた地域の全ての人がその能力を最大限に発揮できるような社会をつくっていく必要がある。

2 多文化共生を進めていくにあたっての課題

　○○市では、これまでも様々な側面から多文化共生の取組みを行ってきたが、さらに推進していくためには次のような課題がある。

　第1に、外国人がコミュニケーション能力を習得するための支援が十分に行えていない。外国人の近隣トラブルが発生する背景の一つとして、言語が通じないことだけでなく、地域社会に関する知識不足やコミュニケーション不足があると考えられるが、外国人に言語教育の場や地域社会に関する知識を得る場を十分に提供できていない状況にある。

　第2に、外国人の社会参加を促進する必要がある。外国人住民が地域社会の一員として、仕事や地域活動の中で活躍できるよう、自立性を促し、地域との結び付きを強めていく必要があるが、そのような対応が十分図れていないのが現状である。

　第3に、住民の間に多文化を理解しようとする意識が十分に醸成されていない。多文化共生を進めていくためには、多様な文化があることを理解した上で、その考え方や生活習慣等を認め合うことが重要である

が、そのような意識の醸成が図れているとは言い難い。

③ 多文化共生を進めるための方策

　これらの課題について、私は○○市の係長として、次のような取組みを重点的に実施していく。

　第1に、外国人に対する多様な日本語教育の機会を設ける。まず、日本語教室を開催し、大人も含めた日本語能力の向上を図る。また、NPO等と連携し、通訳ボランティアの育成と活用を進める。さらに、日本社会に関する知識の習得を支援するため、多様な言語・メディアによる行政・生活情報の提供、表現の工夫を行う。

　第2に、外国人の自立と社会参加を促す施策を充実強化する。まず、外国人住民の希望者を地域の企業や団体に派遣し、職業体験を行うプログラムを実施し、派遣される外国人の社会参加を促すとともに、企業団体にも外国人を受け入れる際の心構えの意識付けを行う。また、ハローワークとも連携して外国人の就労支援を強化していく。

　第3に、多様な文化に触れる機会の創出を強化する。まず、出産や子育て、教育、仕事、住まいといったテーマごとに、外国人住民へのオリエンテーションを実施するとともに、同時に、各テーマに関心のある日本人住民と外国人住民とが交流する機会を設け、相互理解を深める。また、地域の外国人及び日本人の若者による交流会を開催し、多文化共生をテーマに意見交換するなどにより意識の醸成を図るとともに、今後の多文化共生を担うリーダーを育成していく。

④ 誰もが共生できる地域社会を目指して

　多様な文化や習慣を持つ人々が、互いを理解し、認め合い、地域社会の構成員として共に生きていくことは、今後の豊かな地域社会を築いていく上で非常に重要であり、今こそ多文化共生の政策を進めていくことが求められている。

　私は、○○市の係長として、多文化共生の実現に向け、全力で取組みを進めていく覚悟である。

3 社会における女性の活躍推進

出題文

「社会における女性の活躍推進について論じてください。」

❶外してはいけないポイントはここ！

　「女性の職業生活における活躍の推進に関する法律」（女性活躍推進法）が平成27年8月28日に国会で成立し、働く場面で活躍したいという希望を持つ全ての女性が、その個性と能力を十分に発揮できる社会を実現するため、女性の活躍推進に向けた数値目標を盛り込んだ行動計画の策定・公表や、女性の職業選択に資する情報の公表が国や地方公共団体、民間企業等に義務付けられ、令和4年4月から全面施行されました。

　女性がその個性と能力を十分に発揮できる地域社会を築くためには、地域全体で取組みを推進していく必要があります。

① 　女性の活躍推進は、企業や団体等が本腰を入れて取り組まない限り実現は困難です。そのため、いかに企業や団体等に働きかけるかが解決策のポイントとなります。女性の活躍を推進する意識を企業や団体等に対してどう醸成していくか、具体的な施策を書きましょう。

② 　女性が働きやすい環境の整備も重要な論点です。子どもがいる女性にとっては保育所や託児所が確保できるかは仕事に大きな影響を与えます。託児所等の整備は、自治体だけでなく、企業内に設置する方法もあり、それを促進する仕組みを構築することも重要です。

③ 　女性の社会での活躍の場は、仕事だけではありません。女性が地域活動等においても活躍することができるよう、町会・自治会等の地域団体への女性の登用を促進していくことも重要であり、そのような視点を盛り込むこともよいでしょう。

❷ ポイントを箇条書きにしてみると？

問題提起	・女性の就業率は依然として低く、女性の社会における活躍が思うように進んでいない。 ・女性がその能力を発揮し、いきいきと生活していくことができる地域社会を築いていくため、地域全体で取組みを推進していく必要がある。
課　　題	①企業や団体等に、女性の活躍を推進する意識が十分醸成されていない。 ②女性が働きやすい環境の整備が十分図られていない。 ③女性の社会での活躍を地域で推進する体制が不十分。
解 決 策	①企業や団体等における女性の活躍推進に関する意識喚起を図る。 　（女性の活躍推進に取り組む企業等を表彰し、その事例等を掲載したリーフレットを作成・配布する） ②女性が働きやすい環境を整備する。 　（マンションの一階部分等に保育施設を整備する際の補助金を拡充。保育ママ制度を拡充。企業や団体等の中に託児所等を整備する場合に補助金を支給） ③女性の活躍を推進することを目的とした、女性団体や地域の関連団体、町会、企業等により構成される協議会を設置し、意見交換や意識共有を図る。町会・自治会等の地域団体への女性の登用を促進していく。

❸完成論文例

① 社会における女性の活躍推進の必要性

　女性の社会進出が言われて久しい。しかしながら、子育てと仕事との両立の難しさや未だに「男性は仕事、女性は家庭」といった意識が一部で残っていることなどにより、女性の社会における活躍が思うように進んでいないのが現状である。

　女性の社会における活躍は、女性自身の自己実現というだけでなく、女性の視点による新たなサービス等の開発や地域課題の解決等にもつながっていくものである。○○県として、女性がその能力を発揮し、いきいきと生活していくことができる地域社会を築いていくため、地域全体で女性の活躍推進に関する取組みを推進していく必要がある。

② 女性の活躍推進を妨げる課題

　○○県では、これまでも様々な側面から女性の社会における活躍推進に関する取組みを進めてきたが、未だに次のような課題が残されている。

　第1に、企業や団体等に、女性の活躍を推進する意識が十分醸成されていないことである。企業や団体等における女性の就業率や、管理職への女性の登用率は依然として低い。企業や団体等が意識的に取り組まなければ女性の活躍は推進されないが、そのような意識が十分醸成されているとは言い難いのが現状である。

　第2に、女性が働きやすい環境の整備が十分図られていないことである。女性が社会で活躍するためには、育児中の女性が育児と仕事を両立できるような、女性が働きやすい環境の整備が必要である。しかしながら、そのような環境の整備は一部を除き遅れていると言わざるを得ない。

　第3に、女性の社会での活躍を地域で推進する体制が不十分ということである。女性の活躍推進のためには、地域全体でそれを推進することが必要であるが、そのような体制が十分構築されていない状況である。

③ 女性の活躍推進に向けての方策

　私は、○○県の管理職として、女性が社会においてその能力を活かし、いきいきと生活していくことができるよう、次の３点について重点的な取組みを進めていく。

　第１に、企業や団体等における女性の活躍推進に関する意識喚起を図る。まず、女性の活躍推進に先進的に取り組む企業や団体等、女性の雇用率の高い企業・団体等を「女性の活躍推進企業・団体」として表彰し、その先進事例等を掲載したリーフレットを作成し、企業・団体等に配布する。これにより、企業や団体等に女性の活躍推進に関する意識の醸成を図っていく。

　第２に、女性が働きやすい環境を整備する。まず、県においては、マンションの一階部分等に保育施設を整備する際の補助金を拡充したり、それらの場所を活用した保育ママ制度を拡充したりすること等により、保育環境の整備を推進する。また、企業や団体等の中に託児所等を整備する場合に補助金を支給する制度を整備・拡充することにより、企業や団体等における保育環境の整備を促す。これらの取組みを進めることにより、女性が働きやすい環境を確保していく。

　第３に、女性の活躍を推進することを目的とした、女性団体や地域の関連団体、町会、企業等により構成される協議会を設置する。協議会においては、女性の活躍を推進するための課題や情報等について意見交換や意識共有を図る。また、女性が地域活動等においても活躍することができるよう、町会・自治会等の地域団体への女性の登用を促進していく。

④ 女性が能力を発揮し、いきいきと生活できる社会を目指して

　少子高齢化が進む中、女性の社会における活躍を推進していくことは、これまで以上に重要となってくる。

　私は、○○県の管理職として、女性がその持てる能力を存分に発揮し、いきいきと生活していくことができる地域社会の実現に向け、全力で取り組んでいく覚悟である。

4 ダイバーシティの推進

出題文

「ダイバーシティの推進について、県としてどのように取り組んでいくべきか論じてください。」

❶ 外してはいけないポイントはココ！

　ダイバーシティとは、日本語に訳すと多様性であり、人種、性別、年齢、能力、価値観等様々な違いを持った人々が組織や集団において共存している状態のことです。行政においては、一人ひとりが尊重され、多様性が受容され、それぞれの個性や能力を持つ人々が互いに影響し合うことで個々人ではなし得なかった相乗効果を社会に生み出すダイバーシティ＆インクルージョンも含めた意味で使用されることがあります。非常に大きなテーマとなるため、広い視点から網羅的に課題と解決策の３点セットが示せるかが評価のポイントとなります。

① 　多様なバックグラウンドを持つ人々が地域社会において共存することにより相乗効果を生むことがダイバーシティの基本的な考え方です。

　それを実現するにはどのような状況になっている必要があるかを考えてみると、地域の住民や企業・団体等にダイバーシティの考え方が浸透している状況、多様な人々がつながり、交流する中で理解しあえている状況、自治体の政策に多様な人々の意見が反映されている状況等が浮かんできます。これらの中から、可能な限り網羅的にとらえて課題と解決策の３点セットを示しましょう。

② 　例えば、外国人のことのみ、障がい者のことのみ、性的志向・性自認に関することのみ等に限定して課題を設定する等、細かい論点に入り込み過ぎると、大局的な視点が乏しいと減点される可能性があるため注意しましょう。

❷ ポイントを箇条書きにしてみると？

問題提起	• 住民の価値観やライフスタイルの多様化、少子高齢化と人口減少が一層進む中、多様な一人ひとりが尊重され、誰もが希望を持って自分らしく生きられる社会を築いていくダイバーシティの推進が求められている。 • ○○県としても、一層の推進を図っていく必要がある。
課　　題	①ダイバーシティに関する気運醸成、意識啓発が必要である。 ②多様な人々が様々な形態でつながり、交流する機会を設けることにより、多文化理解等につなげていく必要がある。 ③県民が多様性を知るとともに、県民の多様な意見を聴取し政策に反映できる環境の整備が必要である。
解 決 策	①ダイバーシティの考え方の浸透、気運醸成を図る。 　（パンフレットや Web ページ、SNS アカウントを作成し周知する。多様性に配慮した取組みを行う企業を表彰・広報する。学校教育や生涯学習の講座・イベント等を開催する） ②多様な人々のつながりづくりや交流の機会を確保する。 　（多様な人々が集まって手話をする、障がい者スポーツを行う等の機会を設ける。避難所開設運営訓練等に様々な立場の人が参画し、話し合う場を設ける） ③議論等への参加・参画の機会を増やす。 　（ダイバーシティについて議論する多様なメンバーで構成される会議体を設置し、意見を聴取・政策反映する。様々な会議体のメンバーを多様な背景を持つ人から選出する。声を上げる機会が少なかった人が意見を言える機会を設ける）

❸ 完成論文例

① ダイバーシティの必要性

　現在、住民の価値観やライフスタイルの多様化、少子高齢化と人口減少が一層進む中、性別、年齢、障がいの有無、国籍・文化的背景等に関わらず、一人ひとりが尊重され、誰もが希望を持って自分らしく生きられる、誰もが能力を発揮し参画・活躍できる社会を築いていくダイバーシティの推進が求められている。

　女性の職業生活における活躍の推進に関する法律や障害者差別解消法が施行される等、ダイバーシティの推進が一層進められる中、○○県としても、一層の推進を図っていく必要がある。

② ダイバーシティを推進していくにあたっての課題

　○○県において、今後、さらなるダイバーシティを推進していくためには、次の課題がある。

　第1に、ダイバーシティに関する気運醸成、意識啓発が必要である。ダイバーシティを推進していくためには、県民が多様性を尊重・共感し、多様性を取り入れていくことで、個人にも組織にも社会にとってもプラスとなるということへの理解を促進し、気運を醸成していく必要がある。

　第2に、多様な人々がつながり、交流できる場の創出が必要である。ダイバーシティの推進には、多様な人々が様々な形態でつながり、交流することにより、子どもの成長や高齢者の健康・生きがい、若者や障がい者の自立、多文化理解等につなげていく必要があり、そのような機会をさらに積極的に設けていく必要がある。

　第3に、議論等への参加・参画の機会の充実が必要である。ダイバーシティを推進していくためには、県民が多様性を知り、多様な意見を聴取し、政策に反映できる環境をこれまでにも増して整備していくことが必要である。

③ ダイバーシティを推進するための方策

　私は、○○県の係長として、以上の課題に対して、次の３点について重点的に取り組んでいく。

　第１に、ダイバーシティの考え方の浸透、気運醸成を図る。まず、ダイバーシティの目的や効果、県や市町村・企業・団体等における取組事例等をわかりやすくまとめたパンフレットやWebページを作成し、SNS等も通じて広く県民や企業等に周知する。また、多様性に配慮した取組みを行い、成果を上げている企業を表彰し、広く広報を行う。さらに、人権尊重や男女共同参画、障がい者差別解消、性的志向・性自認等について、学校における教育をさらに充実させるとともに、生涯学習の講座やイベント等を県内のNPO団体や企業等の協力も得ながら積極的に開催することにより、社会人の学びや気づきの機会を創出していく。

　第２に、多様な人々のつながりづくりや交流の機会の確保を推進する。まず、障がい者への理解を深めるダイバーシティ体験として、多様な人々が集まって手話をする、障がい者スポーツを行う等の機会を設ける。また、避難所開設運営訓練の企画の際に年齢や性別、障がいの有無といった観点で様々な立場の人が参画し、皆が安心して共同生活できる方法について議論する場を設け、訓練やマニュアル等に盛り込んでいくことにより、ダイバーシティを考え、実現していく機会とする。

　第３に、議論等への参加・参画の機会を増やす。まず、多様なメンバーで構成されるダイバーシティについて話し合う会議体を設置する。また、県や市町村の会議体について、メンバーを多様な背景を持つ人から選出するようにするとともに、子どもや多様な背景を持ち、これまで声を上げる機会が少なかった人が意見を言う機会を設けることにより、意見の聴取と政策への反映を推進する。

④ 誰もが自分らしく生きられる地域社会を目指して

　互いに多様性を認め合い、誰もが自分らしく生きられる地域社会を築いていくことは、○○県の責務である。私は、○○県の係長として、以上で掲げた取組みに全力で取り組んでいく覚悟である。

1 安全で快適なまちづくり

「安全で快適なまちづくりについてあなたの考えを述べてください。」

❶外してはいけないポイントはここ！

　我が国では高度成長期以降、経済効率を優先した都市整備が進められてきましたが、社会の成熟化に伴い、快適性や潤いといった精神的な豊かさを重視する都市整備が求められるようになっています。また、大規模な災害が相次いで発生しており、災害に対応したまちづくりを早急に進めていく必要があります。このような安全かつ快適性を重視したまちづくりへと転換を求められていることを踏まえた課題と解決策を示せるかが評価のポイントとなります。

①　まちづくりに関する質問なので、ハード面での整備に関する課題と解決策を示すことが基本となります。質問に「安全」と「快適」というキーワードがありますので、それぞれの意味を十分把握した上で課題と解決策の3点セットを示しましょう。

②　「安全なまちづくり」については、「災害に強いまちづくり」と言い換えてもよいでしょう。例えば、木造住宅密集市街地が広がる自治体であればその解消に向けた取組みを示す等、地域の災害に対するハード面での特性を踏まえた上で、解決策を示すとよいでしょう。

③　「快適なまちづくり」については、「快適」の定義には多様なものが考えられます。一般的には、高齢者や障がい者、外国人等、誰もがストレスなく利用できるようなユニバーサルデザインを活用した都市施設の整備、緑や水に溢れた潤いや癒しのあるまちづくりなどが「快適」な都市空間といえます。これらを参考に、課題と解決策を示しましょう。

❷ポイントを箇条書きにしてみると？

問題提起	• 現在、経済効率優先ではなく、快適性や潤いといった精神的な豊かさを重視する都市整備が求められるようになっている。 • 大規模な災害が相次いで発生しており、災害に対応したまちづくりを早急に進めていく必要がある。
課　　題	①都市基盤が災害に対して弱い。 ②都市施設が、高齢者や障がい者、外国人等、誰もが使いやすいものになっていない。 ③潤いや癒しのあるまちづくりが十分に行えていない。
解 決 策	①災害に強いまちづくりを推進する。 　（不燃化や道路拡幅を補助制度等により推進。公園や防災広場の整備を推進。湾岸・護岸の整備。民間と連携して避難場所を確保） ②ユニバーサルデザインのまちづくりを推進する。 　（多機能トイレの設置。多国語や点字等に対応した案内板の設置。市町村や企業、NPO等と連携しながらユニバーサルデザインのまちづくりを推進） ③自然と共生した人と人とのつながりを生み出すまちづくりを推進する。 　（水辺を活用した親水公園の設置。地域コミュニティの拠点施設を整備。街なかで人が集うことができるようなスペースを確保）

❸完成論文例

①安全で快適なまちづくりの必要性

　我が国では高度成長期以降、経済効率を優先した都市整備が進められてきた。しかしながら、社会の成熟化に伴い、現在、快適性や潤いといった精神的な豊かさを重視する都市整備が求められるようになっている。また、近年、東日本大震災、令和元年台風第19号、令和6年能登半島地震等、大規模な災害が相次いで発生しており、自治体では、災害に対応したまちづくりを早急に進めていく必要に迫られている。

　このように、自治体のまちづくりは、安全かつ快適性を重視したまちづくりへと大きな転換を求められており、○○県としても積極的な取組みを推進していく必要がある。

②安全で快適なまちづくりにおける課題

　○○県では、これまでも様々な側面から安全で快適なまちづくりを推進してきたが、未だに次の課題が残されている。

　第1に、都市基盤が災害に対して弱いことである。○○県には木造住宅密集市街地が点在しているが、その建て替えは進んでおらず、延焼遮断帯や公園・緑地等のオープンスペース、消防活動を十分に行えるだけの道路幅員等が十分確保できていない。また、津波や河川氾濫に対するハード整備が十分に行えていないのが現状である。

　第2に、都市施設が誰もが使いやすいものになっていないことである。超高齢社会を迎え、グローバル化が進む中、高齢者や障がい者、多様な文化や生活様式を持つ外国人等、誰もが使いやすい都市施設の整備が求められているが、一部、整備が行き届いていない部分がある。

　第3に、潤いや癒しのあるまちづくりが十分に行えていないことである。過去、経済効率を優先したまちづくりが行われてきたことにより、自然に触れ合い、人々が集うようなスペースが十分に確保できていない状況にある。

③ 安全で快適なまちづくりを推進するための方策

　私は、安全で快適なまちづくりを推進するため、次の3点について重点的な取組みを推進していく。

　第1に、災害に強いまちづくりを推進する。まず、市町村と連携して木造住宅密集市街地における不燃化や道路拡幅を補助制度等を活用して推進していくとともに、積極的にオープンスペースの確保に努め、公園や防災広場の整備を推進していく。また、津波や河川氾濫に備えた湾岸・護岸の整備を進めるとともに、民間とも連携して避難場所を確保していく。

　第2に、ユニバーサルデザインのまちづくりを推進する。まず、公共施設の新設や改修の際に、多機能トイレの設置、多国語や点字等に対応した案内板の設置等、様々な特性を持つ人々が誰でも活用できるようなデザインを採用していく。また、市町村や地域の企業、交通事業者、NPO等に働きかけ、連携しながらユニバーサルデザインのまちづくりを推進していく。

　第3に、自然と共生した人と人とのつながりを生み出すまちづくりを推進する。まず、水辺を活用した親水公園の設置等、住民が自然に触れ合える空間の整備を進めていく。また、地域コミュニティの拠点施設を整備するとともに、地域住民や企業等と連携して街なかで人が集うことができるようなスペースの確保を進めていくことにより、人と人とのつながりを生み出していく。

④ 誰もが豊かさと安全を実感できるまちを目指して

　そこに住む誰もが精神的な豊かさを感じ、安全に生活していくことができるようなまちを築いていくためには、行政だけではなく、地域における各主体との密接な連携が重要である。

　私は、○○県の係長として、地域における各主体とも連携しながら、安全で快適なまちづくりに全力で取り組んでいく覚悟である。

2 自治体の文化振興のあり方

出題文

「自治体の文化振興のあり方について、あなたの考えを述べてください。」

❶外してはいけないポイントはここ！

　文化と一言でいっても幅広い定義があることから、論文を書くのが非常に難しいテーマです。どのような面に焦点を絞って課題と解決策を示すかが問われます。

① 　自治体の政策では「文化振興」という言葉がよく使われますが、「文化」の定義は非常に多様です。ただ、一般的に自治体では、音楽、美術、演劇、文化財、伝統工芸、祭り、自然の景観、町の歴史等、様々な芸術文化の振興を意味しているようです。

　あまり文化の定義にこだわりすぎず、自治体が実施している芸術文化振興の政策の範囲を想定しましょう。

② 　このように文化政策はその定義があいまいであることから、自治体の内部においてもその政策目標が明確化され、共有されていないことがあります。

　また、多くの自治体で文化振興を所管する部署がありますが、文化政策の対象は子どもから高齢者までと幅広いため、子育て支援部署や福祉部署等と部局横断的な取組みを行うことも重要となります。これらの点について課題として触れるのもよいでしょう。

❷ ポイントを箇条書きにしてみると？

問題提起	・文化、芸術に触れる機会を持つことは、住民が精神的豊かさを実感し、生きがいを得てよりよく生活していくことにつながっていく。 ・住民が充実した余暇や文化活動を行うことにより、精神的な豊かさを実感できるような文化政策を一層推進していく必要がある。
課　題	①文化政策はその政策目標が明確でない面があり、その効率性や効果についても十分な評価ができていない。 ②庁内の各部局が連携した取組みが十分に行えていない。 ③地域の各主体との連携による取組みが十分に行えていない。
解 決 策	①文化政策の目的・目標の明確化と政策評価の実施を推進していく。 　（文化政策の目標及び目的を明確化し、関連する部局間で共有。評価指標を設定し、毎年度評価を行い、見直しを図る） ②属性に応じた多様な文化政策を部局横断的に推進する。 　（小中学校におけるアーティストによるワークショップ形式での授業等を充実。高齢者に様々な文化に触れる機会や文化活動を提供する） ③文化活動に関する中間支援コーディネートを充実させる。 　（芸術文化や教育、福祉等をつなぐコーディネート、助成金等によるアーティストの活動支援。芸術文化活動を行う関係機関との交流やネットワークづくりをコーディネート）

❸ 完成論文例

① 地域における文化振興の重要性

　近年、住民の心の豊かさを求める意識が高まっており、一人ひとりが自己実現を図り、心豊かに生活していくことのできる真に豊かな社会を実現していくためにも、地域における文化振興が重要となっている。

　文化、芸術には、音楽、美術、演劇、文化財、伝統工芸、祭り、自然の景観、町の歴史等、様々なものがあり、住民がそれらに触れる機会を持つことは、住民が精神的豊かさを実感し、生きがいを得てよりよく生活していくことにつながっていくものである。成熟社会を迎えた今、○○市も、住民が充実した余暇や文化活動を行うことにより、精神的な豊かさを実感できるような文化政策を一層推進していく必要がある。

② 地域における文化振興を推進する上での課題

　○○市では、これまでも様々な文化政策を推進してきたところであるが、未だに次のような課題が残されている。

　第1に、文化政策の目標の共有と評価が十分に行われていないことである。現在、厳しい財政状況の中、○○市全体で行政運営の効率化が求められており、文化政策についても効率的・効果的な取組みと対外的な説明責任を果たしていくことが求められている。しかしながら、文化政策はその政策目標が明確でない面があり、その効率性や効果についても十分な評価ができていないのが現状である。

　第2に、庁内の各部局が連携した取組みが十分に行えていないことである。文化政策の対象は、子どもから高齢者までと幅広い。しかしながら、ほとんどの文化政策を文化振興部局が実施しており、部局横断的な取組みが十分とはいえない状況にある。

　第3に、地域の各主体との連携による取組みが十分に行えていないことである。地域には、文化活動を行う個人やNPO、企業等が存在しているが、それらの各主体間の連携は十分ではなく、文化政策の相乗効果

を生んでいくためにはさらなる連携が必要となっている。

③ 地域における文化振興を推進するための方策

　私は、○○市の管理職として、地域における文化振興を一層推進していくため、次の3点について重点的な取組みを行う。

　第1に、文化政策の目的・目標の明確化と政策評価の実施を推進していく。まず、○○市における文化政策の目標及び目的について、住民のニーズや文化政策の動向等を十分踏まえた上で明確化し、関連部局間で共有する。また、設定した目的・目標に対応した評価指標を設定し、毎年度評価を行うことで、文化政策のあり方や具体的な取組みの見直しを適宜図っていく。

　第2に、属性に応じた多様な文化政策を部局横断的に推進する。まず、教育部局と連携し、小中学校におけるアーティストによるワークショップ形式での授業等を充実させることにより、子ども達の表現力や創造力、コミュニケーション能力等の育成を図っていく。また、福祉部局と連携し、高齢者に対して様々な文化に触れる機会や文化活動を提供することにより、高齢者の活力や健康の維持につなげていく。

　第3に、文化活動に関する中間支援コーディネートを充実させる。まず、地域のNPO等とも連携し、芸術文化や教育、福祉等をつなぐコーディネートや、芸術活動を他の地域とつなげるコーディネート、助成金や奨学金等の支給によるアーティストの活動支援、自立支援等を行う。また、芸術文化活動を行う関係機関との交流やネットワークづくりをコーディネートすることにより、地域全体の文化活動の振興を図る。

④ 精神的豊かさを実感できる地域社会を目指して

　○○市には脈々と受け継がれてきた伝統文化が存在しており、その伝統文化を次世代へと継承していくことが求められている。文化は人々の精神的な豊かさの実感を生み出すものであり、○○市が担うべき役割は非常に重要である。私は、誰もが精神的豊かさを実感できる地域社会の実現に向け、全力で取り組んでいく覚悟である。

1 環境負荷の少ないまちづくり

「環境負荷の少ないまちづくりについて論じてください。」

❶外してはいけないポイントはここ！

　かつての日本の環境問題は産業型の公害が中心でしたが、近年の環境問題は、廃棄物量の増加等の都市生活型公害、国境を越えた地球環境問題等、人々の生活や企業等の事業活動から生じる環境負荷の集積として生じています。これらに対応するためには、人々のライフスタイルを環境負荷の少ない、持続可能なものに変化させることが必要となっており、これを踏まえた上で課題と解決策を具体的に示せるかが評価のポイントとなります。

① 　環境問題のテーマは取り扱う範囲が広いため、どこに論点を絞るかがポイントとなります。オーソドックスな論点としては、ごみの減量化、地球温暖化対策のための電力使用量削減、住民や企業等への環境負荷低減意識の醸成といったものになります。これらも参考に課題と解決策の3点セットを示しましょう。

② 　可能な限り具体的な解決策を示しましょう。例えば、「低炭素まちづくりを推進するため、電気の使用削減量を世帯ごとに競うキャンペーンを実施する。太陽光発電を小中学校等の公共施設に導入するとともに、補助制度を充実させる。」といったように、具体的な手段も含めて示しましょう。

③ 　近年、先進的な自治体では、次世代のクリーンエネルギーとして注目されている水素を活用した燃料電池車の普及促進や水素ステーションの設置、エコキュート・エネファーム等の省エネが可能な給湯設備等の設置補助等を推進しています。こういった先進事例も盛り込める

と高評価につながります。

❷ ポイントを箇条書きにしてみると？

問題提起	・近年の環境問題は人々の通常の生活や企業等の事業活動から生じる環境負荷が集積して生じている。 ・人々のライフスタイルやビジネススタイルを環境負荷の少ない、持続可能なものに変化させていくことが必要。
課　　題	①ごみの減量化を一層推進する必要がある。 ②地球温暖化対策を強化する必要がある。 ③住民や企業等への環境負荷低減意識のさらなる醸成が必要である。
解 決 策	①資源循環型社会への転換施策を充実・強化する。 　（町会・自治会による集団回収の回収地域や品目を増やす。マイバッグの普及促進。食品ロスを削減するためもったいない運動を展開。給食の食べ残しから堆肥を製造） ②低炭素まちづくりを推進する。 　（電気の使用削減量を世帯ごとに競うキャンペーンを実施。太陽光発電を小中学校等の公共施設に導入するとともに、補助制度を充実。水素を活用した燃料電池車の普及促進や水素ステーションの設置、省エネが可能な給湯設備等の設置補助等） ③住民や企業に対する環境意識の醸成策を強化する。 　（住民等による協議会を設置し、意識啓発策等を議論。普及啓発を行う住民を環境推進員に任命し、住民間での啓発を促進。先進的な取組みを行う団体や企業等を認定・表彰）

❸完成論文例

① 環境負荷の少ないまちづくりの必要性

　今日、日本の環境問題は、かつての産業型の公害から、自動車による排気ガスや騒音等による交通公害、廃棄物量の増加等の都市生活型公害、国境を越えた地球環境問題へと広がりを見せている。これらの問題は、人々の通常の生活や企業等の事業活動から生じる環境負荷が集積して生じるものであり、その解決のためには、人々のライフスタイルやビジネススタイルを環境負荷の少ない、持続可能なものに変化させていくことが求められている。

　○○市においても、住民に身近な政府である自治体として、環境負荷の少ない持続可能な地域社会を築いていくことが求められている。

② 環境負荷の少ないまちづくりを進めるにあたっての課題

　○○市では、これまでも様々な側面から環境負荷の少ないまちづくりを進めてきたが、さらに推進するためには次の取組みが必要である。

　第1に、ごみの減量化を一層推進する必要がある。○○市におけるごみの総排出量はこれまでの様々な減量化の取組みによりここ数年減少傾向にあるものの、依然として多い状態が続いている。大量生産・大量消費の考え方から脱却し、さらなるごみの減量を図っていく必要がある。

　第2に、地球温暖化対策を強化する必要がある。異常気象の頻発等、地球規模の気候変動により、今後の人類の生存を脅かすほどになっているのが現状であり、地域の住民や企業、団体等を巻き込んだ対応を強化していくことが必要となっている。

　第3に、住民や企業等への意識のさらなる醸成が必要である。ごみの減量化も地球温暖化対策も、個人のライフスタイルや企業等のビジネススタイルを見直さない限り解決できない問題である。しかし、環境負荷を低減させようとする意識が未だに醸成されているとは言い難い状況にある。

③環境負荷の少ないまちづくりを推進するための方策

　私は、以上の課題に対し、次の３点について取組みを推進していく。

　第１に、資源循環型社会への転換施策を充実・強化する。まず、町会・自治会による集団回収の回収地域や品目を増やすための働きかけを行い、リサイクルを推進していくとともに、マイバッグの普及促進をはじめ、省資源化の働きかけを行っていく。また、食品ロスを削減するため、広報やイベントの開催等によりもったいない運動を展開し、小中学校給食の食べ残しから堆肥を製造し活用する事業等を実施していく。

　第２に、低炭素まちづくりを推進する。まず、電気の使用削減量を世帯ごとに競うキャンペーンを住民の実行委員会形式で実施し、省エネルギー化を促進する。また、太陽光発電を小中学校等の公共施設に導入するとともに、補助制度を充実させて積極的にPRしていくことで普及促進を図る。さらに、次世代のクリーンエネルギーである水素について、水素を活用した燃料電池車の普及促進や水素ステーションの設置、エコキュート・エネファーム等の省エネが可能な給湯設備等の設置補助等を推進していく。

　第３に、住民や企業に対する環境意識の醸成策を強化する。まず、住民、行政、企業、NPO等で構成される協議会を設置し、定期的に現状、課題、目標を共有し、住民等への意識啓発策等を議論する。また、環境負荷の少ない行動を実践し、普及啓発を行う住民を環境推進員に任命し、住民間での啓発を促進していく。さらに、先進的な取組みを行う団体や企業等を認定・表彰し、広く広報誌やホームページ等でPRすることで活動の輪を広げていく。

④地域が一丸となって持続可能な地域社会を築いていくために

　将来にわたって持続可能な地域社会を築いていくためには、行政、住民、企業、団体等のそれぞれが環境負荷を減らすことの重要性を認識し、一体となって行動していく必要がある。

　私は、○○市の係長として、持続可能な地域社会を築いていくため、全力で取り組んでいく覚悟である。

２ 都市景観と自治体行政

出題文

「都市景観と自治体行政について論じてください。」

❶外してはいけないポイントはここ！

　社会の成熟化に伴い、美しい街並みや景観の形成に対する住民の関心が高まってきたことから、住民が地域に愛着を持ち、訪れた人々の目を楽しませることができるような景観づくりがますます重要となっています。このことを踏まえ、具体的な提案ができるかが評価のポイントとなります。

①　都市景観に関しては、地域における景観づくりに関するルールをいかに作成し、関係者間で共有するか、いかに関係者が連携して取り組んでいくかという論点があります。景観づくりに取り組む主体は行政だけではなく、都市開発を行う企業や地域住民、NPO等様々であり、それらの主体が同じ方向性を向いて景観づくりに取り組んでいかない限り、地域における良好な景観の形成は困難だからです。

　　まず、都市の個性の確立や観光振興という目的を明確化し、どのような景観が地域にとって望ましいかを定義することが重要です。自治体では、景観のルール化を図るため、景観に関する条例を制定し、関係者による協議会を設けて景観について議論しているケースもあります。これらの事例についても調査しておきましょう。

②　その他の論点として、景観づくりに取り組む各主体への支援、景観行政に携わる職員の育成といった点も考えられます。

　　これらも参考に課題と解決策の３点セットを示しましょう。

❷ ポイントを箇条書きにしてみると？

問題提起	・美しい街並みや景観の形成に対する住民の関心が高まってきており、都市の個性の確立や観光振興という点からも景観づくりの重要性が高まっている。 ・住民が地域に愛着を持ち、訪れた人々の目を楽しませることができるような景観づくりが重要となっている。
課　　題	①住民やNPO等との協力・連携による景観づくりが十分に行えていない。 ②良好な景観づくりに取り組む団体への支援が十分に行えていない。 ③職員の景観に関する意識の醸成と良好な景観を促進する庁内体制が十分構築できていない。
解　決　策	①住民やNPO等と協働による景観づくりの体制を構築。 　（住民やNPO等による協議会でバックキャスティング※による景観のルールづくりを行う。各主体間で目標を共有し、連携して取り組む推進体制を構築） ②景観づくりに取り組むNPO、住民団体への支援を充実・強化する。 　（NPO等に対し、専門家の派遣や助成金の支出等によりその活動を支援。優良事例を表彰し、積極的にPR） ③景観に関わる職員への教育を充実させる。 　（公共施設の建設に関わる職員に対し、潤いや癒し、近隣との統一感といった視点を持つよう意識の醸成を図る。設計委託の際にはプロポーザル方式により都市景観ルールの遵守と、優れた景観を評価する仕組みを導入）

※　未来のある時点に目標を設定しておき、そこから振り返って現在すべきことを考える方法。

❸完成論文例

① 良好な都市景観づくりの必要性

　戦後の日本における都市政策は区画整理や社会基盤整備といったハード面での効率優先の施策が中心であり、都市の景観は潤いや癒しの要素の少ない、不均一なものとなっている。現在、経済社会の成熟化に伴い、人々の価値観も量的な充実から質的な充実へと変化しており、生活空間の質的向上に留まらず、美しい街並みや景観の形成に対する住民の関心が高まってきている。さらに、地方分権が進む中、都市の個性の確立や観光振興という点からも景観づくりの重要性が高まっている。

　このような状況の中、住民が地域に愛着を持ち、訪れた人々の目を楽しませることができるような景観づくりがますます重要となっている。

② 都市景観を巡る課題

　○○県における都市景観を巡る課題として、次のものが挙げられる。

　第1に、住民やNPO等との協力・連携による景観づくりが十分に行えていないということである。持続可能な形態で景観づくりを進めていくためには、行政だけでは困難であり、住民やNPO、企業等の理解と協力が必要不可欠である。しかしながら、協働による景観づくりを進めていく体制が十分構築されているとは言い難い。

　第2に、良好な景観づくりに取り組む団体への支援が十分に行えていないということである。地域には景観づくりに取り組むNPOや団体等が存在しており、それらの団体の取組みが良好な景観を生み出していく上で重要となっているが、十分な支援が行えていないのが現状である。

　第3に、職員の景観に関する意識の醸成と良好な景観を促進する庁内体制が十分構築できていないということである。景観に関する行政の取組みの歴史は浅く、職員の中に精通している者は少ない。公共施設の設計に関わる職員や民間の景観誘導に関わる職員に景観に関する意識や知識が乏しい状態では、地域における良好な景観づくりは望めない。

③ 良好な都市景観を生み出していくための方策

　私は、良好な都市景観を生み出していくため、次の３点について重点的な取組みを進めていく。

　第１に、住民やNPO等との協働による景観づくりの体制を構築する。まず、住民やNPO等を構成員とした景観について検討する協議会において、将来の地域の良好な景観を思い描き、それに向けてどのような行動を各主体がとっていくべきかを考える、バックキャスティングによる景観のルールづくりを行う。また、長期的な視点から、各主体間で目標を共有し、各主体が連携して取り組んでいく推進体制を構築する。

　第２に、景観づくりに取り組むNPO、住民団体への支援を充実・強化する。例えば、伝統的な景観の保存に取り組むNPOや住民団体等に対し、専門家の派遣や助成金の支出等によりその活動を支援していく。また、良好な景観づくりに取り組むNPOや住民団体等の優良事例を表彰し、積極的にPRしていくことで、他の団体等による景観づくりを促進していく。

　第３に、景観に関わる職員への教育を充実させる。まず、職員に対し地域の歴史や伝統文化等について調査・研究させ、景観に関する理解を深める。特に公共施設の建設に関わる職員に対しては、潤いや癒し、近隣との統一感といった視点を持つよう意識の醸成を図るとともに、設計委託の際にはプロポーザル方式により都市景観ルールの遵守と、優れた景観を評価する仕組みを導入することで良好な景観を誘導していく。

④ 都市間競争を勝ち抜き、誇りを生む景観づくりに向けて

　近年、近隣諸国の都市においても急速な都市開発が行われており、観光をはじめとする国家レベルでの都市間競争の時代に入った。このような中、景観は都市の魅力を向上させ、観光を呼び込む都市戦略として重要となっている。また、景観は地域の人々のアイデンティティを高め、誇りを育てていく上で非常に重要となっている。

　私は、都市間競争を勝ち抜き、地域への誇りを生み出すため、都市景観づくりに全力で取り組んでいく覚悟である。

1 災害対策

出題文

「次の資料から読み取れる問題を総合的に抽出・分析した上で、課題を
とりまとめてください。その課題に対して、具体的な施策を提示し、実
現する際に妨げとなる事柄を挙げ、その解決策を示してください。」

資料1　家庭での備蓄をしていますか？

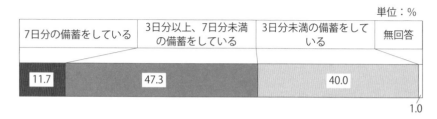

単位：%

7日分の備蓄をしている	3日分以上、7日分未満の備蓄をしている	3日分未満の備蓄をしている	無回答
11.7	47.3	40.0	1.0

資料2　自宅外への避難に備えた対策

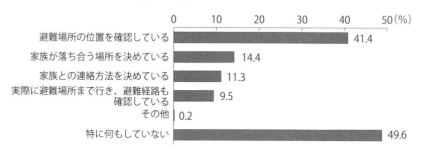

避難場所の位置を確認している	41.4
家族が落ち合う場所を決めている	14.4
家族との連絡方法を決めている	11.3
実際に避難場所まで行き、避難経路も確認している	9.5
その他	0.2
特に何もしていない	49.6

資料3　①家族に自力での避難が困難な又は時間がかかる方がいますか？

	回答数	％
いる	497	28
いない	1278	71
無回答	16	1

②自力での避難が困難な又は時間がかかる方は誰ですか？

	回答数	％
高齢者	302	46
要介護認定者	113	17
重度の障がい者	47	7
難病患者	28	4
妊　婦	11	2
乳幼児	101	16
その他	46	7
無回答	3	1

資料4　新聞記事「災害ごとの避難方法の認識低く」

「〇年の〇〇水害の際、県の調査では、避難指示が発令されていたにも関わらず避難しない人がほとんどだったとの報告がある。居住地やその環境によっては地震時と風水害時の避難場所や避難方法が異なる場合があり、避難所と緊急避難場所も異なるが、本紙調査ではこれらを認識している人は少数に留まることが明らかとなった。災害対策が専門の〇〇教授は、『国や自治体には、災害種別ごとにわかりやすい避難方法の説明や周知が求められる』と指摘する。」

資料5　町会・自治会等の自主防災活動に参加したことがありますか？

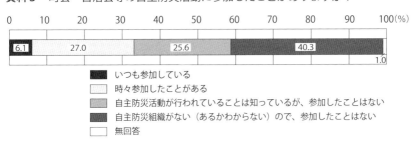

0　10　20　30　40　50　60　70　80　90　100（％）

6.1　　27.0　　25.6　　40.3　　1.0

■ いつも参加している
□ 時々参加したことがある
□ 自主防災活動が行われていることは知っているが、参加したことはない
■ 自主防災組織がない（あるかわからない）ので、参加したことはない
□ 無回答

※　掲載している資料はこの問題用に作成した架空の数値・記事です。

❶完成論文例

1 資料の分析

(1)　3日分以上の備蓄をしている人は59.1%だが、3日分未満の人も40%となっており、さらなる意識啓発が必要である（資料1）。

(2)　自宅外への避難に備えた対策として「特に何もしていない」と回答した人が49.6%と最も多いこと（資料2）、家族に自力での避難が困難な又は時間がかかる人がいると回答した人は28%、その家族は高齢者が46%と最も多く、要介護認定者（17%）や乳幼児（16%）が続いて多い（資料3）。災害種別ごとの避難方法を理解している人は少ない（資料4）。

(3)　地域の自主防災活動に「いつも参加している」「時々参加したことがある」と回答した人は33.1%となっているが、参加したことがない人は65.9%と多くなっている（資料5）。

2 課題

(1)　避難場所・避難所のスペースや自治体の備蓄には限りがあるため、備蓄や在宅避難に関する意識のさらなる啓発が必要である。

(2)　災害発生時の避難に関する意識啓発を推進するとともに、避難行動要支援者の避難体制を整備する必要がある。

(3)　地域住民が主体となった地域防災の取組みを推進する必要がある。

3 具体的な取組み

(1)　備蓄及び在宅避難に関する意識啓発

　　自宅での備蓄及び在宅避難の啓発について、ホームページ、防災ポータル・アプリ、広報誌、チラシ、出前講座等、様々な手段を組み合わせて推進する。

〈妨げとなる事柄とその解決策〉

　　家庭での備蓄を推進するためには、単に必要性を訴えただけでは

具体的な対応につながらない可能性がある。

　　そこで、特に子どもや高齢者がいる世帯では避難所生活が困難なことを訴え、在宅避難できるよう世帯員数分の1週間以上の備蓄を日頃から行うよう啓発する。備蓄内容についても、例えば乳児がいるのであれば、お湯を沸かせない場合に備えて液体ミルクを備蓄する、高齢者であれば噛まずに食べやすい備蓄食料を用意する等、家族構成ごとの推奨備蓄品を示すことなどにより、具体的な対応につながるよう工夫する。

(2)　避難に関する意識啓発と避難行動要支援者の避難体制整備

　　地震時と風水害時の避難方法は異なるため、それぞれに対するわかりやすい避難方法をフローチャート等で示し、周知する。地震・風水害の災害種別ごとに各自が避難方法・避難場所を簡単に作成できるマイタイムラインの作成ツールを整備・提供し、作成を促す。また、避難行動要支援者ごとに避難場所やルートを決める個別避難計画の策定を推進する。

〈妨げとなる事柄とその解決策〉

　　マイタイムラインを単に周知しただけでは具体的な行動に結びつかない可能性がある。そこで、出前講座やワークショップを開催し、その場で具体的な作成ができるようにする。

(3)　地域住民が主体となった防災の取組みの推進

　　防災リーダーの育成を図るとともに、避難所運営を住民主体で行うことができるよう、コーディネート実施と支援を充実させる。

〈妨げとなる事柄とその解決策〉

　　行政が全ての対応をしてしまうと、受け身となり、自主的な取組みにつながっていかない可能性がある。そこで、例えば避難所開設運営訓練の際には、委員会形式で町会・自治会と意見を出し合いながら運営の仕方について一緒に検討の上、訓練を行う仕組みとする。

2 地域防犯

出題文

「地域防犯について論じてください。」

❶外してはいけないポイントはここ！

　近年、全国的に刑法犯の認知件数は減少傾向にありますが、住民が地域で安心して生活していくことができる環境を整備することは自治体の重要な責務であり、地域防犯の取組みを一層推進していく必要があります。

① 　殺人事件のような凶悪犯罪は警察の所管事項であり、地域防犯で取り扱う犯罪は、主に特殊詐欺や空き巣、自転車盗、万引きといったものになります。

② 　特殊詐欺をはじめとする犯罪の手口は一層多様化・巧妙化しており、自治体や警察が様々な対策をしても、さらに新たな手口が出てきます。ただ、住民がある程度犯罪の手口を知っていれば防げる犯罪もありますので、いかに住民にそれらを周知できるかがポイントとなります。

③ 　地域防犯については、各地域で工夫を凝らした様々な取組みが行われています。例えば、不審者情報のメール配信、特殊詐欺対策として電話録音機器の高齢者宅への設置、町会・自治会等と連携した防犯パトロールの実施、子どもの通学時の見守り活動、防犯カメラの自治体による設置及び民間への設置補助等、自治体の先進事例を調査しておきましょう。

④ 　地域防犯については行政だけでの対応は困難であり、警察、町会・自治会、民生委員、NPOといった地域の各主体と連携した取組みが必要不可欠です。連携の視点を盛り込むようにしましょう。

❷ ポイントを箇条書きにしてみると？

問題提起	・全国的に刑法犯の認知件数は減少傾向にあるが、「特殊詐欺」の被害に遭う住民も未だに多い。 ・重大な犯罪への入り口となる自転車盗や万引きといった「ゲートウェイ犯罪」も多くみられる。地域防犯の取組みを一層推進していく必要がある。
課　題	①犯罪を抑止するため、犯罪者が「誰かに見られている」、「監視されている」と感じるような環境を整備することが重要。 ②警察や行政だけでなく、市民や企業等、地域の各主体が一体となった取組みを進めていく体制が十分構築できていない。 ③犯罪の手口等を知らずに被害に遭う住民が多い。
解 決 策	①防犯パトロール及び暗がり対策の強化を行う。 　　（町会や消防団等とパトロールを実施。犬の散歩やウォーキングによる健康づくりと一体となったパトロールのイベントを企画・実施。過去の犯罪発生箇所等を分析し、電灯や防犯カメラを設置。警告看板を設置） ②地域防犯を目的とした地域の各主体のネットワーク化を図る。 　　（各主体の代表者で構成される組織を設置し、犯罪抑止対策について協議） ③住民の防犯意識の啓発活動を強化する。 　　（犯罪多発地域や犯罪の手口等を周知。保護者も含めた講座を開催し、親子で防犯について考える機会を設定。高齢者に特殊詐欺の手口等について民生委員等を通じて伝える）

❸完成論文例

① 犯罪手口の巧妙化と地域防犯の必要性

　近年、全国的に刑法犯の認知件数は減少傾向にある。しかしながら、「振り込め詐欺」をはじめとする「特殊詐欺」の手口は多様化・巧妙化しており、被害に遭う住民も未だに多く発生している。また、重大な犯罪への入り口となる自転車盗や万引きといった「ゲートウェイ犯罪」も多くみられる。

　住民がこうした犯罪に脅かされることなく、地域において安心して生活していくことができる環境を整備することは自治体の重要な責務であり、地域防犯の取組みを一層推進していく必要がある。

② 地域防犯を推進するための方策

　○○市では、これまで様々な防犯の取組みを行ってきたところであるが、さらに地域防犯を強化するため、私は、以下の３点について重点的な取組みを行う。

　第１に、防犯パトロール及び暗がり対策の強化を行う。犯罪を抑止するためには、犯罪者が「誰かに見られている」「監視されている」と感じるような環境を整備することが重要である。そこで、市内の過去の犯罪発生箇所や暗がり箇所等を分析し、それらを中心としたパトロールを強化する。また、町会や消防団に働きかけ、警察の協力のもと、月に数回パトロールの日を設けて実施するとともに、市民が楽しみながらパトロールに参加できるよう、犬の散歩やウォーキングによる健康づくりと一体となったパトロールのイベントを企画・実施する。さらに、必要な箇所に電灯や防犯カメラを設置するとともに、映像が録画されていること等を記載した警告看板を設置することにより、犯罪の抑止につなげていく。

　第２に、地域防犯を目的とした地域の各主体のネットワーク化を図る。地域防犯を推進していくためには、警察や行政だけでなく、市民や

企業等、地域の各主体が一体となった取組みを進めていく必要があるが、これらの各主体の連携が防犯という目的を達成するために十分組織的に機能するレベルまで至っていないのが現状である。そこで、市民、企業、NPO、警察、区内関係団体、行政等、地域の各主体の代表者で構成される組織を設置し、定期的に会合を開催する。警察からは巧妙化する犯罪の手口や犯罪発生箇所等の情報提供を行ってもらい、市民からは危険を感じる箇所等の情報提供を受け、対策について協議する。これにより、地域が一体となった犯罪抑止の取組みを一層推進していく。

　第3に、住民の防犯意識の啓発活動を強化する。例えば、特殊詐欺は、犯罪の手法を知っていれば一定程度防ぐことができる犯罪である。しかしながら、犯罪の手法等を知らずに被害に遭う住民が後を絶たないのが現状である。そこで、市報やホームページ・SNS等を通じて市内の犯罪多発地域や犯罪の手法等について周知するとともに、町会や民生委員等の会合で説明を行う。また、幼稚園や保育園、小中学校において、保護者も含めた講座を開催し、親子で防犯について考える機会を設定する。高齢者に対しては、特殊詐欺の手法等について民生委員等を通じて直接伝える。これらにより、市民の防犯意識の醸成を図っていく。

③ 誰もが安心して生活できる地域社会を目指して

　犯罪のない、誰もが安心して生活していくことができる地域社会をつくっていくためには、行政や警察だけでなく、住民をはじめとする地域の各主体が密接に連携し、知恵を出し合いながら犯罪が発生しにくい環境の整備に取り組んでいく必要がある。

　私は、○○市の係長として、犯罪のない、誰もが安心して生活できる地域社会の実現に向けて、上記の対応に全力で取り組んでいく覚悟である。

❸ 危険老朽空き家問題

「近年、危険老朽空き家が増加しており、社会問題化しています。その課題と解決策について論じてください。」

❶外してはいけないポイントはここ！

　平成26年に空家等対策の推進に関する特別措置法が施行され、空き家の所有者へ適切な管理の指導、空き家の跡地の活用促進、助言・指導・勧告・命令、罰金や行政代執行等の規定が設けられました。その後、令和5年12月に、空家等の活用の拡大、管理の確保、特定空家等の除却等の3本の柱で総合的に対策を強化する法改正が行われています。このような法整備の動きもある中で、自治体としていかに具体的な課題と解決策を示せるかが評価のポイントとなります。

① 　空き家対策の論点として、問題のある空き家の除却と、空き家の有効活用という、大きく2つの方向性があります。

② 　問題のある空き家については、除却を促進するための助成制度の拡充などの施策が考えられますが、空き家の所有者に法的な知識が不足しており除却が進まないようなケースに対応するため、弁護士等の専門家が相談に乗るような体制を構築することも有効といえます。

③ 　空き家の有効活用については、特に都心部においては空き家も有効な資源になりうることから、積極的に進めていく必要があります。実際、空き家を活用したコミュニティスペースの創出や空き家を活用した起業促進等、各自治体で様々な取組みが行われています。有効活用にあたっては公金が投入されることから、地域活性化と同時に進めていくことが必要といえます。

❷ポイントを箇条書きにしてみると？

問題提起	・市街地において空き家が増加しており、風景・景観の悪化、防災や防犯機能の低下、ゴミなどの不法投棄による悪臭の発生等の問題を発生させており、社会問題化している。 ・住民の安全と安心を守るため、危険老朽空き家への対策を行うことが急務となっている。
課　　題	①空き家問題に関する住民への意識啓発が十分にできていない。 ②空き家の発生を未然に防ぐ対策が十分に実施できていない。 ③空き家の利活用策をさらに充実させる必要がある。
解 決 策	①空き家問題に関する住民への意識啓発を強化する。 　（空き家の除却制度に関する自治会への回覧・訪問による周知強化。勉強会等による住民への周知） ②空き家の発生抑制策を強化する。 　（終活プラン作成の窓口開設とアドバイス、相談会の開催による住み替え前の住宅の改修計画作成、学生との連携による空き家調査と市街地活性化策の検討） ③空き家の利活用策の充実を図る。 　（基盤としての空き家バンクの内容充実と物件ツアー実施による利活用促進、リノベーションによるシェアハウスや民泊、福祉施設等への転用の促進）

❸ 完成論文例

① 社会問題化する危険老朽空き家

　近年、市街地において空き家が増加しており、風景・景観の悪化、防災や防犯機能の低下、ゴミなどの不法投棄による悪臭等の問題を発生させており、社会問題化している。これに伴い、○○市においても、空き家に関する住民からの苦情が寄せられるようになっている。

　このような状況の中、空き家による住民の不安を解消し、住民の安全と安心を守るため、危険老朽空き家への対策を行うことが急務となっている。

② 危険老朽空き家を巡る課題

　第1に、空き家問題に関する住民への意識啓発が十分にできていないということである。○○市においても危険老朽空き家の除却に関する助成制度を設けているものの、住民がそれを認知していない、もしくは意義や内容を理解していないこと等により、実際に除却につながっていないケースもあると考えられ、啓発が必要である。

　第2に、空き家の発生を未然に防ぐ対策が十分に実施できていないということである。今後、さらに人口減少の加速化が予想されており、これに伴い空き家も増加していく可能性が高い。そこで、空き家の発生を中長期的な視点から未然に防ぐための対策を充実させていくことが必要である。

　第3に、空き家の利活用策をさらに充実させる必要があるということである。危険老朽空き家を除却することも重要であるが、それだけに留まらず、空き家を様々な有用な用途へ転用する等の利活用策をさらに充実させていく必要がある。

③ 危険老朽空き家の課題解決に向けた方策

　これらの課題に対して、私は、○○市の係長として、次の３点について特に重点的に取り組んでいく。

　第１に、空き家問題に関する住民への意識啓発を強化する。まず、空き家の除却制度に関するわかりやすい資料を作成し、自治会への定期的な配付・回覧やホームページ・SNS等を活用した周知を行うとともに、職員が各戸を訪問して内容を詳しく説明する等により、除却制度の活用につなげていく。また、空き家に関する勉強会の開催等により、住民の理解促進を図っていく。

　第２に、空き家の発生抑制策を強化する。まず、住民の死後の住宅の取扱いを含む終活プランの作成を推進するため、終活プランに関する相談窓口を開設し、個々の事情に応じたアドバイス等をしていく。また、定期的に空き家に関する相談会を開催し、住み替え前の住宅の改修計画の作成等を促していく。さらに、地域の学生と連携して空き家に関する実態調査と市街地活性化策の検討を行い、施策に反映させていく。

　第３に、空き家の利活用策のさらなる充実を図る。まず、空き家の利活用のための基盤としての空き家バンクについて、さらに内容を充実させていくとともに、空き家物件のツアーを実施することにより利活用につなげていく。また、リノベーションによる多機能のシェアハウスや民泊、福祉施設等への転用について、他自治体の先進事例等をまとめ、地域の住民や企業、団体等と情報共有・連携しながら利活用につなげていく。

④ 安全・安心に生活できる地域社会を目指して

　近年社会問題化している空き家に関する問題を解決するためには、空き家の除却を進めていくだけに留まらず、さらに一歩進んで空き家の有効活用を図っていくことが重要である。

　私は、○○市の係長として、住民が安全・安心して生活できる地域社会を目指すため、空き家の除却及びその有効活用に全力で取り組んでいく覚悟である。

1 非正規労働者の支援

出題文

「非正規労働者が増加している現状を踏まえ、その課題と解決策について論じてください。」

❶外してはいけないポイントはここ！

　バブル経済の崩壊後、雇用形態の多様化が進んだことから、非正規労働者が急増しました。この非正規労働者の増加によって深刻な格差問題やワーキングプアといった問題が発生しています。非正規労働者の正規雇用化に向けた支援を推進していくことが求められています。

　労働の問題は国が関与する部分が大きいですが、自治体でも国と連携した取組みが行われています。国と自治体との役割分担も認識しながら課題と解決策を示せるかが評価のポイントとなります。

① 　非正規労働者の正規雇用化を図ることだけが解決策では必ずしもなく、多様な働き方を選択できるようにすることも必要ですが、論点が複雑になるため、188ページの完成論文例では正規雇用化に絞って書いています。論点がブレないように、問題提起の部分でこの旨を示しておくことが重要です。

② 　若者を対象とした施策、例えば、就職氷河期を経験して長期間非正規雇用の状態が続いている人向けの施策といったように、対象ごとに施策が考えられます。また、正社員化を進めるには事業者が動かなければ変わりませんので、事業者による正社員化を促す仕組みや環境整備をいかに行うかということも論点となります。

❷ ポイントを箇条書きにしてみると？

問題提起	・バブル経済崩壊後、雇用形態の多様化が進み、パートや契約社員、派遣労働者等の非正規労働者が急増し、格差問題やワーキングプアといった問題を発生させている。 ・雇用は人々の生活を支える根幹であり、非正規労働者の正規雇用化に向けた支援の推進が求められている。
課　　題	①事業者の正規雇用を促す環境整備を充実させる必要がある。 ②長期間非正規雇用の状態にある人の支援を充実させる必要がある。 ③若者の正社員化を促進する必要がある。
解 決 策	①正社員化に取り組む事業者への支援を充実・強化する。 　　（正規雇用した際の助成金の交付、一定期間継続雇用した場合の助成金交付等を充実。正社員化に積極的に取り組む事業者を認定。非正規労働者の雇用環境改善に取り組もうとする事業者に専門家を派遣） ②長期間非正規雇用の状態にある人への支援を充実・強化する。 　　（就職氷河期世代の非正規雇用者を中心に、企業と連携して研修を行い、能力育成を図る。中小企業等で就労体験を行い、マッチングを行う） ③若者向けの就労支援を充実させる。 　　（若者各人のスキルに応じて就職活動スキルや社会人スキルの習得を長期的に実施。企業体験等を通じて若者と企業とのマッチング支援を行う。職場への定着支援までを継続サポート）

❸完成論文例

①非正規労働者の支援の必要性

　日本では、バブル経済の崩壊後、雇用形態の多様化が進み、かつての日本的雇用慣行の特徴であった終身雇用、年功賃金、企業別労働組合が見直され、パートや契約社員、派遣労働者等の非正規労働者が急増した。この非正規労働者の増加は、現在、深刻な格差問題やワーキングプアといった問題を発生させている。

　雇用は人々の生活を支える根幹であり、○○県として、国とも連携した非正規労働者の正規雇用化に向けた支援を推進していくことが求められている。

②非正規労働者の正規雇用化に向けた課題

　○○県では、これまでも非正規労働者に関する施策を実施してきたところであるが、さらに次のような取組みを推進していく必要がある。

　第1に、事業者の正規雇用を促す環境整備を充実させる必要がある。企業が正規雇用を促進しない限り、社会全体の非正規雇用問題は解決しない。そのため、これまで以上に事業者への働きかけをしていくとともに、事業者による正規雇用を促進する環境整備を図っていく必要がある。

　第2に、長期間非正規雇用の状態にある人の支援を充実させる必要がある。特に、就職氷河期を経験した人の中には、一定の社会人スキルを有していながらも、企業側から敬遠され、長期間にわたって非正規雇用の状態が続いている人もいる。そこで、これらの人にターゲットを絞った重点的な対応が必要となっている。

　第3に、若者の正社員化を促進する必要がある。若者は、社会人としての経験もスキルも低く、それが正規雇用に結び付かない要因となっている。そこで、若者をターゲットとした社会人スキルの開発や就職活動に関する支援等を重点的に行う必要がある。

③ 正規雇用化の促進に向けた方策

　私は、労働者の正規雇用化の促進に向け、次の３点について重点的な取組みを行っていく。

　第１に、正社員化に取り組む事業者への支援を充実させ、強化する。まず、国と連携し、事業主が正規雇用した際の助成金の交付や、若年者を採用して一定期間継続勤務した場合の助成金の交付等の事業を充実させる。また、正社員化に積極的に取り組む事業者を認定し、優良事例を集めたパンフレットを作成してホームページ等で広くPRし、正社員化を促進していく。さらに、非正規労働者の雇用環境の改善に取り組もうとする事業者に対して社会保険労務士や中小企業診断士等の専門家を派遣し、支援を行う。

　第２に、長期間非正規雇用の状態にある人への支援を充実・強化する。まず、就職氷河期世代の非正規雇用者を中心として、企業と連携して研修を行い、正規雇用に必要とされる能力の育成を図るとともに、中小企業等で就労体験を行い、就労体験先企業とのマッチングを行うことで、正規雇用に結び付けていく。

　第３に、若者向けの就労支援を充実させる。まず、社会人スキルが十分でない若者を対象としてカウンセリングを行い、各人の社会人スキルの習得状況等を把握した上で、グループワークや業界に関する研修、就職活動スキルや社会人スキルの学習等を長期的に実施する。また、企業体験等を通じて若者と企業とのマッチング支援を行うとともに、就労に結び付いた若者に対して、職場への定着の支援までを継続的にサポートしていく。

④ 誰もが安心して働くことができる社会を目指して

　誰もが安心して働くことができ、自分の将来に希望を持つことができるような社会を築いていくことは自治体の責務であり、○○県として、さらなる積極的な支援に取り組んでいくことが求められている。

　私は、○○県の係長として、誰もが安心して働くことができる社会の実現に向け、全力で取り組んでいく覚悟である。

2 若者の就労支援

「若者の就労支援についてあなたの考えを述べてください。」

❶外してはいけないポイントはここ！

　若者の非正規雇用の割合は依然として高く、将来的に税収入の減少や生活保護の増加等までも招く可能性があります。それらを踏まえた上で若者の就労支援策について具体的に示せるかが評価のポイントとなります。

①　192ページの完成論文例は、基礎自治体（市）の視点から書いています。これまで、雇用対策は国、ハローワーク、都道府県を中心に展開され、基礎自治体の役割は限定的でしたが、地方分権の流れの中で、基礎自治体にも地域に密着した雇用施策を積極的に実施していくことが求められるようになっています。基礎自治体の視点で書く場合には、住民に最も近い政府であることを踏まえ、いかに地域に密着した視点から具体的な施策を示せるかがポイントとなります。

②　例えば、公立中学校を所管している基礎自治体は、地域の中学校と連携し、中学生に対して仕事体験や就労講座、模擬面接、相談会等を実施し、早い段階から就労に関する意識付けを図るという施策が考えられます。また、地域の高校と連携して同様の就労の意識付けを行うことも可能であり、中学校・高校といった学生時からの切れ目のない就労支援のプログラムを作成し実施していくことは、基礎自治体ならではの施策といえます。

③　基本的に職業紹介を行うのはハローワークですが、基礎自治体は地域の抱える課題を踏まえてハローワークと連携しながら独自の雇用対策を実施します。この役割分担を踏まえて課題と解決策を書きます。

❷ ポイントを箇条書きにしてみると？

問題提起	・若者の非正規雇用の割合は依然として高く、就職後、早期に離職する若者も多い。社会からの孤立を深める若者も増加している。 ・基礎自治体としても地域に密着した雇用施策を実施していく必要がある。
課　　題	①ひきこもり等、自力で就職活動を行うことが困難な若者への支援を強化する必要がある。 ②就労に関連する各機関の連携を強化する必要がある。 ③学生時からの切れ目のない支援を行う必要がある。
解 決 策	①若者に対応したサポートセンターを設置し、専門知識を有するものが相談に応じる体制を構築する。 　（担当者制で個別に支援プランを作成。伴走型やアウトリーチ型※等により、家庭支援も含めたきめ細かな支援を行う） ②就労に関連する各機関による連携体制を構築する。 　（関連部署、ハローワーク等が連携して若者の就労支援を行う協議会を設置。就職相談会や就業体験の機会を設定するなどにより若者と企業とのマッチングを行う） ③学生時からの切れ目のない就労支援のプログラムを作成・実施する。 　（中高生に対して仕事体験や就労講座、模擬面接、相談会等を実施。就学継続するための支援。実践的な仕事スキルを身に付けられる講習会を実施。関係機関が共有しながら計画的に実施）

※　「手を伸ばす」という意味から、公的機関が潜在的な利用希望者に手を差し伸べ、利用を実現させるような取組みを指す。

❸ 完成論文例

① 自治体における若者の就労支援の必要性

　現在、若年層の失業率の低下や高校・大学新卒者の求人倍率は上昇しており、若者を取り巻く雇用環境は改善している。一方で、若者の非正規雇用の割合は依然として高く、就職後、早期に離職する若者も多い。また、仕事に就かずに社会からの孤立を深める若者も増加している。

　これは、若者本人の人生に影響を与える問題であるのはもちろんであるが、将来的には、税収入の減少や生活保護の増加等までも招く可能性のある問題である。これまで、雇用対策は国、ハローワーク、都道府県を中心に展開され、基礎自治体の役割は限定的であったが、若者が未来に希望を抱き、それぞれの持つ能力を発揮していくことができるような地域社会を築いていくことは基礎自治体の責務であり、○○市としても地域に密着した雇用施策を積極的に実施していく必要がある。

② 若者の就労を促進するにあたっての課題

　○○市では、これまでも若者の就労支援策に取り組んできたところであるが、未だに次のような課題がある。

　第1に、自力で就職活動を行うことが困難な若者への支援を強化する必要がある。特に引きこもりや早期離職をした若者を就労に導き、社会につなげていくことは重要であり、それに向けた支援をさらに強化していくことが求められている。

　第2に、就労に関連する各機関の連携を強化する必要がある。若者の就労支援を促進していくためには、若者に関連する庁内の各部署やハローワーク等の専門機関と密接に連携可能な体制を構築し、きめ細かな対応をしていくことが求められている。

　第3に、学生時からの切れ目のない支援を行う必要がある。学校卒業が間近になってから就労について考える若者も多いが、スムーズな就労につなげるには早い段階から支援を計画的に実施する必要がある。

③ 若者の就労を促進するための方策

　私は、若者の就労を促進するため、次の３点について重点的な取組みを進めていく。

　第１に、若者に対応したサポートセンターを設置し、就労に関する専門知識を有するものや心理カウンセラー等が相談に応じる体制を構築する。困難なケースの支援にあたっては担当者制を採用し、状況に応じて個別に支援プランを作成し、伴走型やアウトリーチ型等により、家庭支援、保護者への相談も含めたきめ細かな支援を行っていくことで、困難ケースへの対応を図っていく。

　第２に、就労に関連する各機関による連携体制を構築する。まず、若者及び就労に関連する産業部門、福祉部門、ハローワーク等が連携して若者の就労支援を行う協議会を設置し、定期的に意見交換、情報共有を行いながら課題の解決に向けて取り組む体制を構築する。また、企業との就職相談会や就業体験の機会を設定するなどにより企業と密接に連携しながら若者と企業とのマッチングを行う。

　第３に、学生時からの切れ目のない就労支援のプログラムを作成・実施する。まず、地域の中学校、高校等と連携し、中学生、高校生等に対して仕事体験や就労講座、模擬面接、相談会等を実施し、早い段階から就労に関する意識付けを図る。また、就学継続するための支援を行っていくとともに、実践的な仕事スキルを身に付けられる講習会を広く実施するなどにより就労準備支援を実施していく。これらをプログラム化し、関係機関が共有しながら計画的に実施していくことで、若者の就労を促進していく。

④ 若者が希望を持って生きていくことができる環境づくりに向けて

　若者は未来の地域社会を担う存在であり、若者が自分の持つ能力と可能性を最大限に発揮し、希望を持って生きていくことができる環境を整備することが自治体に求められている。

　私は、○○市の管理職として、若者の就労促進に全力で取組みを進めていく覚悟である。

❸ ワーク・ライフ・バランスの定着

出題文

「ワーク・ライフ・バランスの定着について論じてください。」

❶外してはいけないポイントはここ！

　労働者一人ひとりが自らのライフスタイルに応じて、仕事、家庭生活、地域生活、自己啓発といった活動を多様かつ柔軟な働き方を通してバランスよく進めていくことがワーク・ライフ・バランスの目指す姿です。これを自治体として推進していくことが求められています。

①　ワーク・ライフ・バランスを推進していくためには、各企業や団体等による取組みが必要不可欠です。ただ、行政が何もしないのではワーク・ライフ・バランスは進みません。そこで、自治体が音頭をとっていかに企業等に働きかけ、その推進を促していくかが重要となります。

②　企業等の行動を促すための手法として、意識付けを図るためにガイドブックを作成・配布する、出前講座を実施する、助成制度を設ける、助成制度等を周知する、先進的な取組みを行う企業等を表彰し公表することで追随する企業等を増やすといった誘導策が考えられます。ワーク・ライフ・バランスのような相手の行動を促すテーマの場合、これらの誘導策を念頭に置いた上で、課題と解決策の３点セットを示すことが重要です。

＜参考となる資料等＞
　内閣府男女共同参画局のホームページに、ワーク・ライフ・バランスの取組み事例や調査結果等が掲載されています。解決策を書く際の参考にしてください。
(https://wwwa.cao.go.jp/wlb/local/chihou_wlb.html)

❷ ポイントを箇条書きにしてみると？

問題提起	・労働者一人ひとりが自らのライフスタイルに応じて、仕事や家庭生活等のバランスを図るワーク・ライフ・バランスを推進していくことが求められている。
課　　題	①ワーク・ライフ・バランスに関する理解が十分に進んでいない。 ②ワーク・ライフ・バランスに取り組む事業者への支援を充実させる必要がある。 ③誰もが働きやすい職場づくりに取り組む必要がある。
解　決　策	①ワーク・ライフ・バランスの理解の促進を図る。 　（事業者へのガイドブックの作成・配布、出前講座の開催。共働きカップル向けの教室を開催） ②事業者への支援を強化する。 　（様々な助成制度や関連法令等をホームページや冊子等により情報提供。出前講座の実施や講師の派遣。ワーク・ライフ・バランスの推進に取り組む事業者を認定・表彰） ③誰もが働きやすい労働環境の整備を推進する。 　（待機児童の解消に向けた取組みを行う。育児休業取得者がスムーズに職場復帰するためのノウハウ等をセミナーで講義。メンタルヘルスに関するセミナー開催）

❸完成論文例

① 求められるワーク・ライフ・バランス

　現在、少子高齢化が急速に進行し、将来の労働人口の減少が問題となる中、過労死をはじめとする長時間労働による問題が発生している。

　このような状況の中、自治体や企業、労働組合等が連携し、労働者一人ひとりが自らのライフスタイルに応じて、仕事、家庭生活、地域生活、自己啓発といった活動のバランスを図るワーク・ライフ・バランスを推進していくことが求められている。

② ワーク・ライフ・バランスを進めていくにあたっての課題

　○○市では、これまでもワーク・ライフ・バランスの取組みを推進してきたところであるが、さらに推進するためには次の課題がある。

　第1に、ワーク・ライフ・バランスに関する理解が十分に進んでいないということである。ワーク・ライフ・バランスについて理解している人は未だに少ない状況である。また、未だに女性が家事・育児を担うという役割分担意識が一部で残っており、地域の企業・団体や従業員等に対してワーク・ライフ・バランスに関する理解の促進を図っていく必要がある。

　第2に、ワーク・ライフ・バランスに取り組む事業者への支援を充実させる必要があるということである。事業者がワーク・ライフ・バランスに取り組もうとしても、仕事と家庭の両立に関連する育児や介護に関する法律や、年休・時間外労働等の法律等を知らなければならない。しかしながら、さらなる推進のためには、事業者への支援が十分とは言い難いのが現状である。

　第3に、誰もが働きやすい職場づくりに取り組む必要があるということである。女性の社会参加が進み、共働き世帯が増加している一方で、保育サービスの充実をはじめとする子育て支援や、地域で育児や介護を支える仕組み等は決して十分なものとはなっていない。

③ ワーク・ライフ・バランスを推進するための方策

　私は、ワーク・ライフ・バランスを推進するため、次の３点について重点的な取組みを進めていく。

　第１に、ワーク・ライフ・バランスの理解の促進を図る。事業者に対して、ガイドブックの作成・配布や出前講座の開催等によりワーク・ライフ・バランスを推進するメリットをPRするとともに、労働時間等に関する法令遵守を徹底する。また、共働きカップル向けの教室を開催する等により、男性の育児・介護への積極的な参加を促進していく。

　第２に、事業者への支援を強化する。まず、様々な助成制度や関連法令等について、ホームページや冊子等により事業者へ情報提供を行う。また、事業者に対して、ワーク・ライフ・バランスに関する出前講座の実施や講師の派遣等を行う。さらに、ワーク・ライフ・バランスの推進に積極的に取り組む事業者、例えば、女性の活躍推進に取り組む事業者や子育て支援を積極的に行う事業者を認定・表彰し、広くその取組みを広報やホームページ、SNS等で発信していく。

　第３に、誰もが働きやすい労働環境の整備を推進する。まず、子育てや介護をサポートする労働環境をつくるため、待機児童の解消に向けた取組みを行うとともに、育児休業取得者がスムーズに職場復帰するためのノウハウ等をセミナーで講義する。また、労働環境の改善への支援を行うため、事業者及び労働者に対してメンタルヘルスに関するセミナーを開催する。

④ 誰もが幸せに生活していくことができる社会を目指して

　誰もが幸せに生活していくことができる社会を実現していくためには、ワーク・ライフ・バランスの確保が重要であり、その推進役として自治体が担うべき役割は非常に大きい。

　私は、○○市の係長として、地域におけるワーク・ライフ・バランスの実現に向け、全力で取組みを進めていく覚悟である。

1 人口減少時代における自治体行政

「人口減少が進んでいることを踏まえ、人口減少時代における自治体行政について論じてください。」

❶外してはいけないポイントはここ！

　日本では、少子高齢化と人口減少が進行しており、地域経済の衰退やコミュニティの衰退等の問題が顕在化してきています。

　このような背景から、平成26年11月には「まち・ひと・しごと創生法」が公布され、全ての都道府県及び市区町村に対し、人口の現状分析、人口の将来展望等を示した「人口ビジョン」の策定及び人口ビジョンを踏まえた人口減少対策の具体的な戦略書である「地方版総合戦略」の策定が求められました。令和5年には国の総合戦略がデジタル田園都市国家構想総合戦略に移行しました。これらの動きも踏まえ、課題と解決策を示しましょう。

① 　地方都市と都心部の都市とで人口減少の状況は異なります。そのため、各自治体の状況に応じた課題と解決策を示す必要があります。

② 　人口減少対策の基本的な論点として、人口の自然増のための「出生率の向上」、人口の社会増のための「定住化の促進」、交流人口を増加させ将来の定住化につなげていくための「交流人口の増加」が考えられます。「出生率の向上」の施策は主に子育て支援、「交流人口の増加」の施策は主に観光振興や交流事業となります。ただ、「定住化の促進」の施策については、住民が定住する理由には住環境の良さや地域への愛着等様々なものがあることから、ともすると自治体の政策全般が解決策となりかねないため、どこかに絞って書く必要があります。

❷ポイントを箇条書きにしてみると？

問題提起	・全国的に少子高齢化、人口減少が進む中、人口規模を将来にわたって維持し、持続可能で活力ある地域社会を築いていくためには、現時点から中長期的な視点で対応を進めていく必要がある。
課　　題	①将来にわたって人口を維持していくため、出生率の向上を図る必要がある。 ②将来にわたって人口を維持していくため、定住化を促進していく必要がある。 ③交流人口を増加させ、将来の定住化につなげていくため、自治体間や住民間での交流機会を積極的に生み出していく必要がある。
解 決 策	①若い世代の出産・子育ての希望を叶える施策を推進する。 　　（ライフステージに応じた切れ目のない多様な子育て支援。地域全体で子どもを見守るネットワークの強化。子育て世帯への経済支援。保育定員の拡大や放課後の居場所づくり） ②地域経済の活性化と就労の促進を図る。 　　（産学官の連携ネットワークを強化し、中小企業による新製品等の開発を促進。特色ある個店の支援等により商店街の魅力を高める。ハローワークとの連携を強化し就労を促進） ③全国の自治体との連携を強化する。 　　（全国の自治体との連携体制を構築し、産業、観光等の様々な側面から情報共有を図る。自治体と地域住民、企業、NPO等との間での情報の共有化や交流のマッチングの支援）

❸ 完成論文例

１ 人口減少社会に対応した取組みの必要性

　現在、日本では、少子高齢化と人口減少が進行しており、地域経済の衰退やコミュニティの衰退等の問題が顕在化している。このような中、各自治体には、少子高齢化の進展に対応し、人口減少に歯止めをかけ、将来にわたって活力ある地域社会を築いていくことが求められている。

　特別区においても、何も対策を打たなければ、将来的に人口減少に転じる可能性があり、人口規模を将来にわたって維持し、持続可能で活力ある地域社会を築いていくためには、現時点から中長期的な視点で対応を進めていくことが求められている。

２ 持続可能で活力ある地域社会を築くにあたっての課題

　人口減少に対応し、持続可能で活力ある地域社会を築いていくためには、次の課題がある。

　第１に、出生率の向上を図る必要がある。○○市の人口を将来にわたって維持し、持続可能で活力ある地域社会を築いていくためには、出生率を向上させることにより、転入者の多さに頼ることなく人口を増加させていくことが必要である。しかしながら、○○市における出生率は全国と比較すると低く、出生率の向上を図っていく必要がある。

　第２に、定住化を促進していく必要がある。将来にわたって人口を維持していくためには、定住化の促進を図ること、特に30〜40歳代を中心とした子育て世代の定住化を促進していくことが重要となっている。

　第３に、交流機会を拡大していく必要がある。観光や買い物等で特別区を訪れる人に、地域に対する愛着を持ってもらうことができれば、繰り返し訪れてもらうことにより地域経済の活性化につながる。それだけでなく、将来的に居住地として選択され、定住化につながっていく可能性もあることから、自治体間や住民間での交流機会を積極的に生み出し、交流人口を増加させていくことも重要である。

③持続可能で活力ある地域社会を築くための方策

　私は、持続可能で活力ある地域社会を築いていくため、次の3点について重点的な取組みを進めていく。

　第1に、若い世代の出産・子育ての希望を叶える施策を推進する。子育て世代に対してライフステージに応じた切れ目のない多様な子育て支援を展開するとともに、地域全体で子どもを見守るネットワークの強化を図り、在宅育児をする子育て家庭の孤立を防ぐ。また、子育て世帯への経済支援を推進するとともに、保育定員の拡大や放課後の居場所づくり等を推進することで共働き家庭のワーク・ライフ・バランスの確保を図る。これらの取組みを推進することにより、出生率の向上を図る。

　第2に、地域経済の活性化と就労の促進を図る。定住化を促進するためには、就労の受け皿となる地域経済の活性化が重要である。そこで、産学官の連携ネットワークを強化し、地域の中小企業による新製品等の開発を促進する。また特色ある個店の支援等により商店街の魅力を高め、さらにはハローワークとの連携を強化し就労を促進する。

　第3に、全国の自治体との連携を強化する。全国の自治体との連携体制を構築し、産業、スポーツ、観光、教育等の様々な側面から情報共有を図り、事業連携を推進していく。また、自治体と地域住民、企業、NPO等との間での情報の共有化や交流のマッチングの支援を行うことにより、連携と交流を深めていく。これらの取組みを推進することにより、交流機会の拡大を図り、ヒト・モノ・カネの好循環を促進する。

④Win-Winの関係を築き、共に発展していくために

　本格的な人口減少社会を迎えた今、首都東京の中心に位置する特別区には、出生率の向上、定住化の促進を図るとともに、広い視点から全国レベルでヒト・モノ・カネの好循環を生み出し、都市部と地方との間にWin-Winの関係を築き、共に発展させていくことが求められている。

　私は、特別区の管理職として、人口減少社会に対応した政策に全力で取り組んでいく覚悟である。

2 地方分権の推進と自治体行政

出題文

「今後、地方分権が推進される中で、これからの行政運営において何が重要と考えるか、あなたの考えを述べてください。」

❶外してはいけないポイントはここ！

　地方分権の推進と自治体行政という抽象的なテーマであり、多様な論点が考えられますので、地方分権が推進されている背景を踏まえた上で、いかに説得力のある課題と解決策を示せるかが評価のポイントとなります。

① 　本テーマに関しては様々な論点があると思いますが、204ページの完成論文例では、地方分権を、一層複雑化・多様化する地域課題を解決していくため地域特性に応じたきめ細かな政策を実施していくことととらえ、そのためにどのような体制を整備していく必要があるかについて論じています。どのような切り口で論じるにせよ、冒頭の問題提起の部分で、これから何について論じるのかを明示しておくことが重要です。

② 　複雑化・多様化する課題を解決していくための体制整備として、関連する所管が密接に連携した課題解決体制の構築、職員の政策形成能力の向上、住民・企業・NPO等との協働体制の構築といったことが考えられます。これらを参考に、課題と解決策の3点セットを示しましょう。

❷ ポイントを箇条書きにしてみると？

問題提起	・住民ニーズや行政需要が多様化する一方で、今後も厳しい財政状況が続くと予想される。 ・地方分権が加速する中、住民の多様なニーズに対応し、複雑な地域課題を解決していく必要がある。
課　　題	①組織の縦割りの弊害が未だに残っており、横の連携が不足している。 ②職員の政策形成能力が不十分である。 ③住民の行政への参加や協働が十分に行われていない。
解 決 策	①縦割りの弊害を解消するため、柔軟な組織体制を構築する。 　（複数の部署で構成されるプロジェクトチームを結成し、政策形成する体制を構築。統計データや政策関連情報等を各部署で共有・活用が可能なシステムを構築） ②政策形成能力の向上施策を充実させる。 　（職員に政策形成ノウハウを学ぶ研修を実施。プロジェクトチームに専門性を有する研究者等を加入させ、職員が一緒に調査研究を行う） ③住民と行政との参加・協働の機会を積極的に創出していく。 　（各所属がインターネットで市民の意見を聴取できる仕組みを充実。参加・協働に関するホームページを作成し、積極的に情報を発信。住民と行政とが協働事業について対話する会を設ける）

❸完成論文例

1 地方分権時代における地域特性に応じた行政運営の必要性

　現在、住民の価値観やライフスタイルの多様化に伴い、住民ニーズや行政需要が多様化する一方で、○○市では、公共施設の老朽化への対応、防災対策をはじめ、喫緊の課題が山積している状況にある。地方分権が加速する中、住民に最も身近な政府である○○市として、住民の多様なニーズにきめ細かに対応し、複雑な地域課題を解決していく必要に迫られている。

2 地方分権時代における行政運営の課題

　○○市では、これまでも様々な側面から地域特性に応じた政策を実施してきたところであるが、今後、地方分権時代にふさわしい行政運営を行っていくにあたっては、未だに次の課題がある。

　第1に、組織の縦割りの弊害が未だに残っており、横の連携が不足している。一層複雑化・多様化する地域課題を解決していくためには、複数の関連する所属が密接に連携し、共通の目標のもとで施策を実施していく必要がある。しかしながら、十分な組織間の連携のもとで施策が実施されているとは言い難い。

　第2に、職員の政策形成能力が不十分である。地方分権が進展する中、社会状況の変化を敏感に察知して地域の課題を発見し、それに応じた政策を立案・実施していくことが求められている。しかしながら、未だに前例踏襲的な対応が見受けられ、地方分権時代にふさわしい政策形成能力が職員に十分に備わっているとは言い難い。

　第3に、住民の行政への参加や協働が十分に行われていない。地方分権を実現していくためには、住民の意見や要望をくみ取り、行政運営に反映させるとともに、住民と行政の協働により地域課題を解決していくことが必要である。しかしながら、住民の参加や協働は一部に留まっているのが現状である。

③ 地方分権時代にふさわしい行政運営の推進方策

　私は、地方分権時代にふさわしい行政運営を推進していくため、次の３点について重点的な取組みを推進していく。

　第１に、縦割りの弊害を解消するため、柔軟な組織体制を構築する。まず、重要な政策テーマについて、適宜、政策に関連する複数の部署で構成されるプロジェクトチームを結成し、様々な情報共有や議論を重ねながら政策形成を行う体制を構築する。また、政策形成を促進するため、地域課題を表す統計データや政策に関連する情報等を各部署で共有・活用が可能なシステムをイントラネットに構築し、職員への活用を促していく。

　第２に、政策形成能力の向上施策を充実させる。まず、職員に対し、プロジェクト・マネジメントをはじめとする政策形成ノウハウを学ぶ研修を実施する。また、上述したプロジェクトチームに専門性を有する研究者等を加入させ、職員が一緒に調査研究を行うことにより、様々な研究ノウハウを学び、政策形成能力の向上を図っていく。

　第３に、住民と行政との参加・協働の機会を積極的に創出していく。まず、SNS等を活用して市民の意見を聴取できる仕組みを充実させ、各所属が柔軟に意見聴取できる体制を構築する。また、ホームページやSNSを活用し、市が実施する事業への参加募集やボランティア活動の募集、成功事例や住民の体験談等の紹介をはじめ、積極的に参加・協働に関する情報を発信する。さらに、住民等と行政とが協働事業について対話する会を設け、成功事例を共有するとともに、さらに協働を進めるための方策について議論する。

④ 住民とともに豊かな地域社会を築いていくために

　地方分権が進展する中、自治体では、自己決定・自己責任の考え方に基づき、地域住民と協働しながらともに豊かな地域社会を築いていく必要があり、自治体にはそのコーディネーターとしての役割を果たしていくことが求められている。私は、地方分権時代に生きる管理職として、豊かな地域社会を築いていくため、全力で取り組んでいく覚悟である。

1 公共施設の老朽化対策

出題文

「公共施設の老朽化が問題となっている現状を踏まえ、その課題と解決策についてあなたの考えを述べてください。」

❶外してはいけないポイントはここ！

　限られた財源を有効に活用し、真に住民に必要な公共サービスを持続的に提供していくため、長期的な視点により公共施設を計画的に管理していく公共施設マネジメント（ファシリティマネジメント）を推進することが求められています。

①　公共施設マネジメントを推進していくにあたっては、まず庁内体制の整備が必要となります。庁内の職員に公共施設マネジメントに関する専門的知識が必要であり、土木・建築部門、管財・財政部門、企画部門、各施設を所管する部門が密接に連携した取組みが必要となります。そして、公共施設の実態把握、計画策定、計画の実践、評価・改善といったステップを踏んでいくことが必要となります。

②　一方で、仮に財政状況と施設の利用状況を勘案して施設を廃止すべきとなった場合、その施設を活用したサービスを日々受けている住民にとっては、財政状況が厳しく施設の廃止が必要ということは理解できても、使い慣れた施設の廃止には反対するといったように、総論賛成、各論反対になることが予想されます。そのため、住民等との合意形成を十分図ることが可能な体制を整備することが必要となります。

　　これは重要な論点ですので、課題と解決策に盛り込むとよいでしょう。

❷ポイントを箇条書きにしてみると？

問題提起	• 現在、高度成長期に建設された公共施設の老朽化が進んでいる。人口減少が進む中、限られた財源を有効に活用し、真に必要な行政サービスを提供し続けていく必要がある。 • 長期的な視点を持って公共施設を計画的に管理していくファシリティマネジメントが求められている。
課　　題	①関連する各所属の連携等、庁内の推進体制が構築できていない。 ②公共施設マネジメントを推進していく上での専門的な知識が不足している。 ③施設の統廃合や共同化の議論は総論賛成、各論反対となることが予想されるため、住民等と合意形成を図る仕組みを構築する必要がある。
解 決 策	①全庁的な検討体制を構築する。 　　（関連部署による組織横断的なプロジェクトチームを結成し、危機意識の共有、公共施設のあり方の議論、情報共有する体制を構築。個別テーマごとに部会を設置し議論） ②外部の専門的知識を持つ人材を活用する。 　　（外部の専門的知識を持つ人材を活用。アドバイザーによる研修を実施し、プロジェクトチーム内でも勉強会を行うことにより、専門的知識を習得） ③庁内、住民、議会との合意形成を図る体制を構築する。 　　（住民や有識者等で構成される会議体を設置し、合意形成を図っていく体制を構築。総論、各論を明確に分けた上で住民等にわかりやすく説明を行う）

❸ 完成論文例

① 老朽化する公共施設と公共施設マネジメントの必要性

　○○市では、戦後の経済成長と人口増加に伴い公共施設を急速に整備してきたが、現在、一斉に老朽化が進んでおり、多大な経費を要する大規模な修繕や更新の時期を一斉に迎えることが予測されている。これは、少子高齢化の進行により社会保障費の増加が見込まれる中、厳しい財政状況に拍車をかけると考えられる。一方で、人口減少により公共施設の利用需要が低下し、不効率が生まれるケースも見られる。

　このような状況の中、○○市においても、限られた財源を有効に活用し、真に住民に必要な公共サービスを持続的に提供していくため、長期的な視点により公共施設を計画的に管理していく公共施設マネジメントを推進することが求められている。

② 公共施設マネジメントを推進するにあたっての課題

　以上のような状況を踏まえ、公共施設マネジメントを推進していくためには、次のような課題がある。

　第1に、庁内の推進体制が構築できていない。公共施設マネジメントを推進していくためには、関連する土木・建築部門、管財・財政部門、企画部門をはじめとする各所属が密接に連携して対応していく必要があるが、そのような連携が十分とれていない。

　第2に、専門的な知識が不足している。公共施設マネジメントを推進していく上では、専門的な知識が必要となる。しかしながら、土木・建築部門、管財・財政部門、企画部門の各所属に専門的な知識を保有している職員が十分に配置されているとは言えないのが現状である。

　第3に、住民等と合意形成を図る仕組みを構築する必要がある。施設の統廃合や共同化という議論は、総論賛成、各論反対となることが予想される。そのため、住民等との合意形成を十分図ることが可能な体制を整備することが必要となるが、そのような体制が整備できていない。

③ 適切な公共施設マネジメントを推進するための体制整備

　以上の課題に対応し、適切な公共施設マネジメントを推進していくため、私は、次の３点について取組みを進め、体制整備を図っていく。

　第１に、全庁的な検討体制を構築する。まず、土木・建築部門、管財・財政部門、企画部門の各部署を中心として、公共施設を所管する子育て、福祉、教育といった関連部署が連携する組織横断的なプロジェクトチームを結成する。プロジェクトチームでは、危機意識を共有し、今後の公共施設のあり方について議論するとともに、常に進捗を共有する。さらに、個別テーマごとに部会を設置し、議論を進めていく。

　第２に、外部の専門的知識を持つ人材を活用する。公共施設の老朽化の問題は、行政における従来の公会計制度や保全・営繕の取組みでは十分に対応できなかったために深刻化していることから、行政内部だけでは十分な対応ができない可能性もある。そこで、外部の専門的知識を持つ人材を任期付き職員やアドバイザーとして活用し、専門的ノウハウを反映させていく。また、アドバイザーによる研修を実施し、プロジェクトチーム内でも勉強会を行うことにより、専門的知識の習得に努める。

　第３に、庁内、住民、議会との合意形成を図る体制を構築する。公募住民や町会長等の住民、公共施設マネジメントについての専門知識を有する有識者等で構成される会議体を設置し、取組みの各段階において会議を開催し、説明を尽くしていくことにより合意形成を図っていく体制を構築する。会議においては、総論、各論を明確に分けた上で住民等にわかりやすく説明を行い、合意形成を図っていく。

④ 地域が一丸となった取組みを

　公共施設の老朽化は非常に深刻な状況にある。この問題意識を庁内はもちろんのこと、地域の住民や企業、団体とも共有し、地域が一丸となってこの問題について考え、対応していくことが必要となっており、その調整役としての役割が市には求められている。

　私は、○○市の係長として、公共施設マネジメントの推進に向け、全力で取り組んでいく覚悟である。

2 自殺対策

出題文

「自殺が社会問題となっていることを踏まえ、その対策について論じてください。」

❶外してはいけないポイントはここ！

　近年の日本の年間自殺者数は2万人程度で推移しており、社会問題となっています。平成28年に改正自殺対策基本法が施行され、自治体に自殺対策の実施が義務付けられました。このことも踏まえ、いかに具体的な自殺の抑止策を示せるかが評価のポイントとなります。

①　自殺対策の論点として、地域における自殺者の傾向をいかに把握してそれに応じた対応をするか、自殺を早期発見する仕組みをいかに構築するか、自治体の職員が適切に対応できる能力をいかに身に付けさせるか、地域全体でいかに自殺を抑止するかといったものが考えられます。これらを参考に、課題と解決策の3点セットを示しましょう。

②　自殺対策は、行政に自殺の相談窓口を設置するといった行政単独の施策だけで対応しきれるものではありません。地域住民や企業、NPO等、地域の様々な主体が自殺の兆候の早期発見に努め、適切な機関につなげていくことが自殺抑止のポイントとなります。

　医師をはじめとする専門家や民生委員をはじめとする住民と接点を持つ人との連携といったように、行政外部の人材をいかに巻き込み、体制を構築するかも重要です。課題と解決策の3点セットの中には、地域の各主体との連携の視点を必ず盛り込むようにしましょう。

❷ ポイントを箇条書きにしてみると？

問題提起	・近年の日本の年間自殺者数は2万人程度で推移しており、社会問題となっている。 ・改正自殺対策基本法の施行により自治体に自殺対策の実施が義務付けられたことも踏まえ、その抑止に取り組んでいくことが求められている。
課　題	①地域の実態に応じた自殺対策が十分に実施できていない。 ②自殺の早期発見の仕組みが十分構築できていない。 ③地域における協力・連携体制が十分構築できていない。
解決策	①自殺者の実態把握と地域診断を行う。 　　（地域の自殺者の統計分析、住民調査の実施・分析。相談窓口等に寄せられる自殺者の情報、自死遺族から聞き取った情報等を収集・分析。これらをもとに自殺対策を立案・実施） ②自殺の兆候を早期発見する仕組みを強化する。 　　（総合相談窓口を設置し、医師等が相談に応じる体制を構築。市の職員や民生委員等にゲートキーパー※研修を実施し、ゲートキーパーの増加を図る） ③地域の各主体による連携体制を強化する。 　　（地域の各主体が参加する自殺対策協議会を設置し、自殺対策について協議。各窓口で受け止めた自殺の兆候について情報共有し、適切な機関につなげていく）

※　自殺の危険を示すサインに気づき、適切な対応（悩んでいる人に気づき、声をかけ、話を聞いて、必要な支援につなぎ、見守る）を図ることができる人のこと。

❸完成論文例

①自殺の増加と自治体としての対応の必要性

　近年の日本の年間自殺者数は2万人程度で推移しており、大きな社会問題となっている。自殺は、過労、失業、事業不振、職場環境の変化、職場の人間関係といった仕事に関連する問題、負債、生活苦といった経済的な問題、家庭不和等の家庭の問題、うつ病や身体疾患といった健康の問題等、いくつかの要因が重なり合って発生している。

　平成28年に改正自殺対策基本法が施行され、自治体に対して自殺対策の実施が義務付けられた。自殺は社会問題であり、社会全体でその抑止に取り組んでいくことが求められている。

②自殺対策を巡る課題

　○○市では、これまでも自殺を防ぐための対策に取り組んできたところであるが、未だに次のような課題がある。

　第1に、地域の実態に応じた自殺対策が十分に実施できていないことである。自殺に至る要因は様々であるが、例えば、都市部と地方とでその要因は異なると考えられる。自殺対策を効果的に行うためには、地域における自殺者や自殺未遂者の傾向を分析・把握し、それに基づく適切な対応を行う必要があるが、対応が十分に行えていない。

　第2に、自殺の早期発見の仕組みが十分構築できていないことである。自殺を防ぐためには、自殺の兆候を可能な限り早期に発見し、適切なフォローをしていくことが重要である。しかしながら、そのような仕組みが十分に構築できているとは言い難いのが現状である。

　第3に、地域における協力・連携体制が十分構築できていないことである。自殺を防ぐためには、行政による対応だけでは十分ではなく、行政や民間の複数の相談窓口が連携し、自殺の要因を排除していく必要がある。しかしながら、そのような地域全体での連携・協力体制が十分構築されているとは言い難いのが現状である。

③ 自殺の防止に向けた方策

　私は自殺の防止に向け、次の３点について重点的な取組みを進めていく。

　第１に、自殺者の実態把握と地域診断を行う。まず、地域における自殺者の統計を分析するとともに、自殺と関連するとされる睡眠状況、アルコール摂取状況、精神的疲労状況等に関する住民調査を実施・分析することで、自殺者や自殺リスクを抱えている人の属性や自殺に至る要因等を把握する。また、相談窓口等に寄せられる自殺者・自殺未遂者についての情報、自死遺族から聞き取った情報等を収集・分析し、地域における自殺の傾向や要因を把握する。これらの分析結果をもとに、有効な自殺対策を立案・実施していく。

　第２に、自殺の兆候を早期発見する仕組みを強化する。まず、自殺に関する総合相談窓口を設置し、医師や保健師、心理カウンセラー等が仕事や家庭等のあらゆる悩みの相談に応じる体制を構築する。また、市の職員や民生委員、ケアマネージャー等、住民と関わる機会の多い人に対してゲートキーパー研修を積極的に行い、ゲートキーパーの増加を図ることにより、自殺の早期発見を促進していく。

　第３に、地域の各主体による連携体制を強化する。福祉事務所、保健所、就労支援部署等の市の関連部署、法律に関する相談機関、消費者センター、ハローワーク、警察、NPO、町会、民生委員、ゲートキーパー等、地域の各主体が参加する自殺対策協議会を設置し、自殺対策について協議するとともに、日常的に各窓口で受け止めた自殺の兆候について情報共有を図り、適切な機関につなげていく体制を構築する。

④ 自殺のない誰もが希望を持って生活できる地域社会を目指して

　誰もが希望を持って生活できる地域社会を築いていくことは自治体の責務であり、自殺という最大の不幸に対し、○○市として、地域の各主体と密接に連携を図りながら積極的な取組みを進めていく必要がある。

　私は、○○市の係長として、自殺のない誰もが希望を持って生活できる地域社会の実現に向け、全力で取り組んでいく覚悟である。

【編著】

地方公務員論文研究会

【本書執筆】

森田　修康（もりた・なおやす）

関東地方の自治体の管理職。
メーカーを退職後、自治体に入庁。これまで、自治体で、
企画、情報システム、都市計画、防災などの業務を担当。
その他、大学の招聘研究員として研究活動も行っている。

昇任試験
合格論文の絶対ルール
第1次改訂版

2017年7月20日　初版発行
2024年7月25日　第1次改訂版初版発行

編著者　地方公務員論文研究会

発行者　佐久間重嘉

発行所　学 陽 書 房

〒102-0072　東京都千代田区飯田橋 1-9-3
営業部／電話　03-3261-1111　FAX　03-5211-3300
編集部／電話　03-3261-1112
http://www.gakuyo.co.jp/

ブックデザイン／佐藤　博
DTP 制作・印刷／東光整版印刷
製本／東京美術紙工

昇任試験
合格面接の
絶対ルール
地方公務員面接研究会 編著
◎A5判132頁　定価2200円（10％税込）

面接試験の頻出テーマでおさえてお
きたい事例式課題や面接シートの書
き方がわかる！
直前対策を効率的に進めるための面
接試験短期攻略本！

昇任試験
受かる人と
落ちる人の
面接回答例
第1次改訂版
地方公務員昇任面接研究会 著
◎四六判176頁　定価2200円（10％税込）

自治体の昇任試験でよく聞かれる質
問について、「良い回答例」「悪い回
答例」を掲載し、評価されるポイン
トをわかりやすく解説したロングセ
ラーの改訂版！